JN050518

住まなくなっても守りたい

元住民たちの想い

浅原昭生
Akio Asahara

まえがき

アレックスK・T・マーティン(ジャーナリスト)

取材で地方に行くと、廃屋が目立つ老人ばかりの村や、かつての賑わいが消えたシャッター街を目にすることが多い。少子高齢化等による人口動態の変化の深刻さを肌で感じる。

浅原昭生氏にお会いしたのは、私も常々、過疎を通り越して廃村、廃集落となった場所の現状や経緯に興味を持っており、氏が半生をかけて日本中のこうした地域を丹念に調べて得た知識や経験を直《じか》に伺ってみたかったからだ。個人的にも身近に気にかかる地域があった。

私の母が埼玉県秩父市の旧荒川村に山荘を建ててから15年程経つ。東京から通いやすく、尚且つ自然豊かなエリアを探して辿《たど》り着いた土地だ。私も折に触れ家族や友人達とその山里の庵で休日を過ごし、地元の歴史や文化について学ぶ機会を得た。

秩父の山々は深く険しく、古くから信仰の対象とされてきた。狼信仰の総本山ともいえる三《みつ》峯《みね》神社や、麓には札所巡りで知られる秩父三十四ケ所観音霊場もある。自然への畏怖《いふ》と人々の暮らしが一体となり歴史を紡いできた特別な場所が多々ある。

その一方で、山間の廃村のように、高度経済成長を機に失われてしまった生活の痕跡も多い。そのうちのひとつの秩父の浦山地区にある廃集落群を訪ねようと思い、浅原氏に連絡してみた。

２０２３年７月中旬、東京・飯田橋駅近くの喫茶店で話を伺うことができた。幼少の頃母方の実家の淡路島を春や夏休みに訪れ、そこで見た景色が廃村探訪の原体験だったこと。大学生の頃、新潟の角海浜《かくみはま》という原発計画による集団離村によって廃村になった場所に出会い、そこで感じたことなどを話してくれた。「こんなところがきっと全国あちこちにあるんだろうな」と思ったという。そして氏はこう語った。「人がいなくなった村には不思議なものがある」

それ以来、浅原氏は継続的にフィールドワークを重ね、これまで訪れた廃村は１１００カ所を超えるという。廃墟や廃村というと、一部のマニアが写真を撮るため、あるいは肝試しの一環として話題に上ることが多いが、浅原氏の旅はそれとは全く異なる。そこで暮らしていた人々の記憶や記録を掘り起こす、民俗学と言っても良いものだ。

しかしタイムリミットはちかい。「近年どんどん人口減と高齢化が進み、空き家も増えた。廃墟は珍しいものではない」と氏は語る。「元住民がいつまで元気かということもある。どんな人がいて、村に住まなくなった後も何を守ってきたかを早く聞いておかねばならない」

浦山地区の岳《たけ》集落を訪れた時、ひしゃげた廃屋の向こうに綺麗に整備された十二社《じゅうにしゃ》神社の鳥居が見えた。残酷な時の流れと、それに抗《あらが》うように生き続ける人々の信仰の力を見たような気がした。

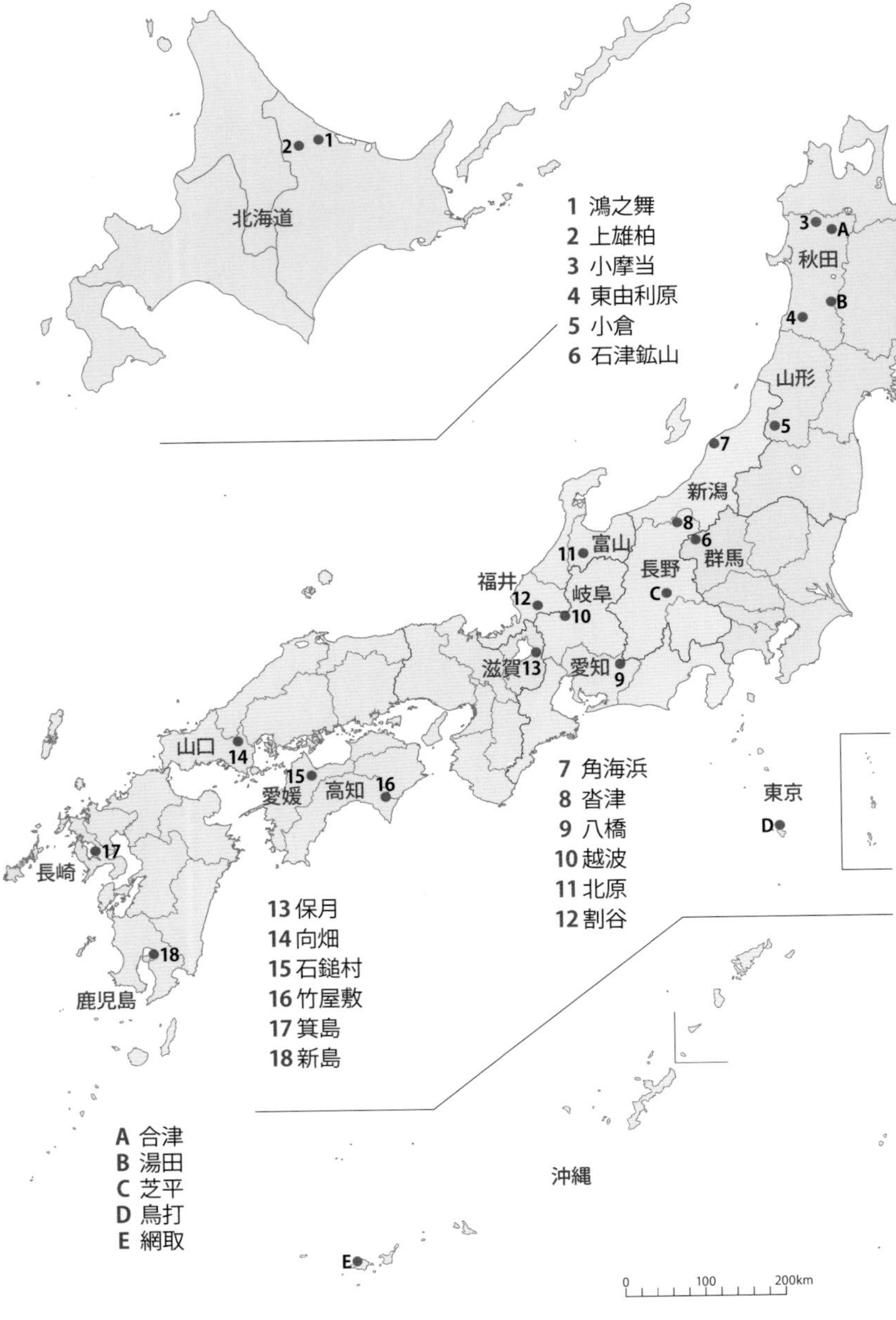
1 鴻之舞
2 上雄柏
3 小摩当
4 東由利原
5 小倉
6 石津鉱山
7 角海浜
8 沓津
9 八橋
10 越波
11 北原
12 割谷
13 保月
14 向畑
15 石鎚村
16 竹屋敷
17 箕島
18 新島
A 合津
B 湯田
C 芝平
D 鳥打
E 網取
北海道
秋田
山形
新潟
富山
長野
群馬
福井
岐阜
滋賀
愛知
山口
愛媛
高知
長崎
鹿児島
東京
沖縄
0
100
200km

住まなくなっても守りたい ―元住民たちの想い― 目次

表紙画像　愛媛県西条市石鎚村の野灯

表紙イラスト　鳥海　正美

『住まなくなっても守りたい』のあらまし

令和の世が進み、人口減は加速している。限界集落が無住になることも珍しいことではなくなった。人が住まなくなった集落は、これからどうなっていくのだろうか。

平成31年（2019年）2月2日（土）、NHK福井放送局（当時）の丸山健司さんが、番組取材で浦和の自宅に来られた。話をうかがうと「住めなくなっても守りたい」というテーマで、福井県小浜《おばま》市上根来《かみねごり》とおおい町（旧名田庄《なたしょう》村）老左近《おいさこ》を取り上げて、25分の番組を制作するとのこと。約2時間の取材の中で、筆者は「ムラがなくなっていくというか、記憶からもなくなることは避けたい。何かの形で残したいというのが共通項」という言葉を残していた。

当時、筆者は『日本廃村百選』の原稿執筆を進めていたが、「住めなくなっても守りたい」はとても普遍的なテーマで魅力的に思った。

番組は『ナビゲーション—住めなくなっても守りたい』として、平成31年3月15日（金）から東海北陸地方枠でオンエアされ、好評を得て令和元年5月31日（金）にはNHK—BSでもオンエアされた。この番組から思い浮かんだアイデアを煮詰めることから、企画案『住まなくなっても守りたい』ができあがった。企画案は、次の3点に留意してまとめた。

・取り上げる集落を20前後、一集落のページ数を10～18ページとする。
・元住民の方の声をうかがい、集落の歴史、往時の暮らし、現況をまとめ、「住まなくなっても守りたいものは何か」を浮かび上げる。
・対象の地域は、北海道から沖縄まで、できるだけまんべんないものとする。

『住まなくなっても守りたい』の本編では、全国18ヵ所の無住集落（廃村）を取り上げて、集落のあらまし、筆者との出会い、元住民たちの声を三本柱としてまとめた。これとは別に、沖縄の網取《あみとり》など「少しでも取り上げておきたい」と思った5ヵ所を、コラムとしてまとめた。

平成14年（2002年）5月3日（金）、筆者は名護の名桜《めいおう》大学で、沖縄の集落誌（字誌《あざし》）づくりに深く係わられた中村誠司先生とお会いした。中村先生は、「字誌づくりは、住民により行われることで、地域の再発見と評価、さらに地域づくりへとつながる」と話された。廃村にはさまざまな歴史がある。確かにその将来は、元住民、地域の方が考えるのがよい。

「廃村を見る第三者」が立ち位置なので、将来に向けての提言はしていないが、その可能性は見えてくるはずだ。関心を持つ方々に広く読んでいただければ、著者冥利に尽きる。

廃村の定義、本書の特徴

本編に入る前に、本書における「廃村」という言葉の定義と、本書の特徴をあげておこう。「廃村」の村は、行政単位の村ではなく集落（ムラ）を意味する。無住は大前提ではあるが、ごく少数の居住と無住の線引きはゆるやかなものとしている。また、積雪期に無住となる集落（冬季無住集落）は廃村に含むとしている。この定義は、昭和40年代から廃村に関する研究を継続している坂口慶治先生（京都教育大学名誉教授）の考えを源としている。

筆者は「往時学校があるほどの規模、独立性があった」全国の廃村を目指すため「廃村千選」というリストを作っている（全１１２３ヵ所、令和5年末現在）。このこともあり、本書で登場する23ヵ所の廃村には、すべて学校が所在していた。なお、秋田の小摩当《こまとう》と新潟の角海浜《かくみはま》は、閉校時期が昭和34年以前のため「廃村千選」には含めていない。

文中に人物名、年月日が多く登場するが、これはこのことが「後世に資料とするためにはとても大切」という、昭和38年から53年間に亘り月刊誌『民俗文化』の編集、発行を続けた菅沼晃次郎先生（滋賀民俗学会会長）の教えを源としている。

まとめにあたってはできる限り資料性が高まるように努めたが、至らぬ点は容赦されたい。

表紙画像、野灯について

本書の表紙に愛媛県西条市石鎚村《いしづちむら》中村の「野灯《やとう》」を使ったのは、元住民曽我部正喜《まさよし》さんが「住まなくなっても守りたいもの」として即座に挙げられたことがきっかけだった。取材の翌日、中村を訪ねて野灯を撮ったとき、「これに灯りを点けたい」と思った。同行していた楠正光さん、上野友治《ともじ》さんにこのことを話すと「おもしろいから是非やろう」と賛同してくれた。

令和4年（2022年）10月9日（日）の夕方、筆者は太いローソクとライターを持参して、楠さん、上野さん、楠さん紹介のお遍路さんと4名で、石鎚村に向かった。土居から中村までは、山道を歩いて30分ほど。試験点灯をしたとき、灯りはとても頼りなかった。このとき皆で枝払いなどをして、アングルの確認をした。

正喜さん旧家前でひと息入れた後、本点灯をしたが少し頼りない。お遍路さん持参のソーラーランタンを使うと明るくなったが、どこか不自然な感じがする。

点灯式の後は、河口《こうぐち》に住む曽我部孝江さんの西条市街の料理店「かんもん」で飲み会をする予定になっている。楠さんは早く店に行きたそうだったが、「あと少しだけ」と粘ってみると、夕闇は深くなり、良い塩梅の画像を撮ることができた。

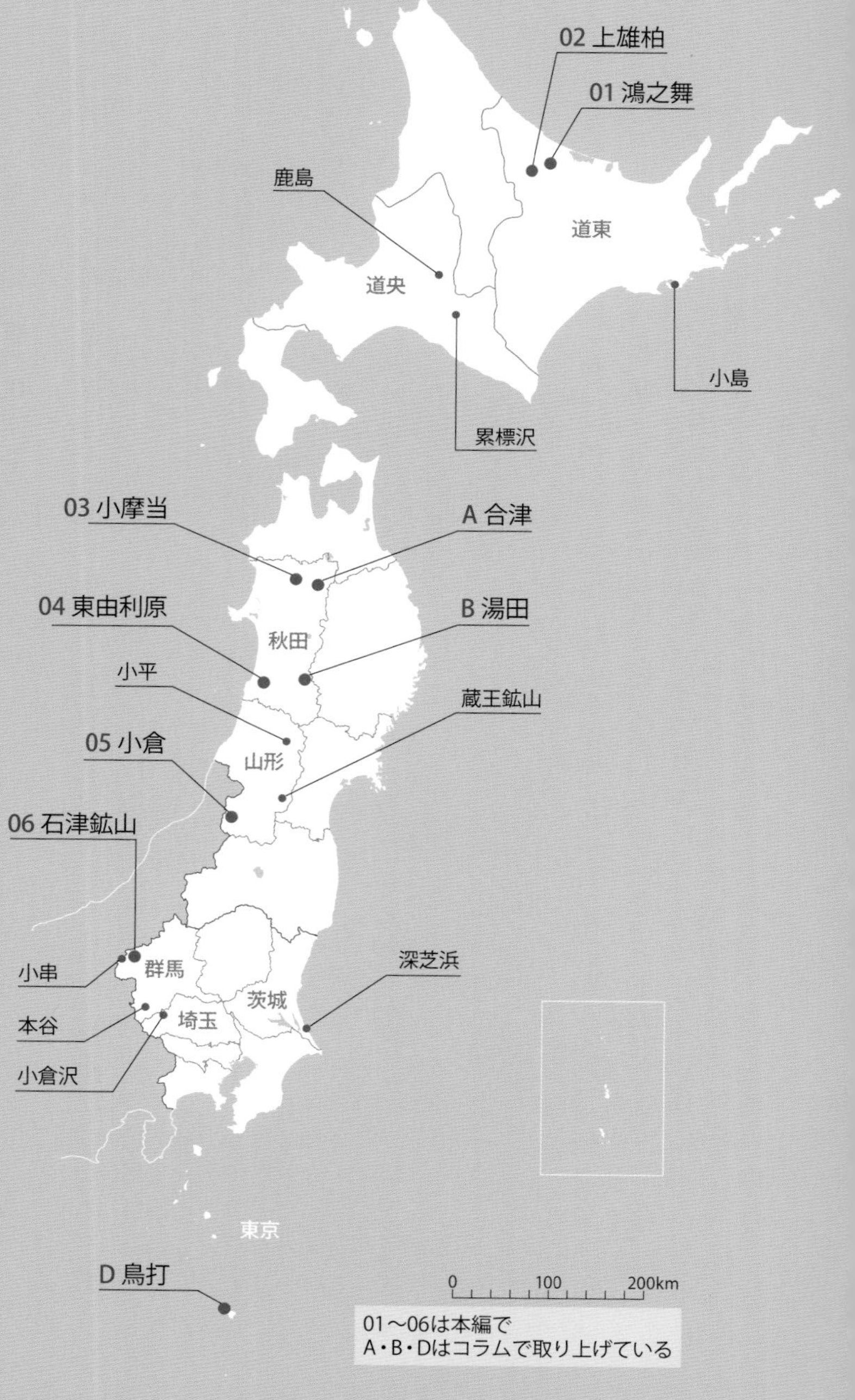
02 上雄柏
01 鴻之舞
鹿島
道東
道央
小島
累標沢
03 小摩当
A 合津
04 東由利原
B 湯田
秋田
小平
蔵王鉱山
05 小倉
山形
06 石津鉱山
小串
群馬
深芝浜
茨城
本谷
埼玉
小倉沢
東京
D 鳥打
0
100
200km
01～06は本編で
A・B・Dはコラムで取り上げている

廃村聞き取り 東日本

北海道・東北・関東

この本を出すにあたって、これまで取材した廃村がいくつあるか数えてみたところ、全部で47ヵ所あった。細かな取材（小取材）を含めると、76ヵ所になった。

北海道、東北はともに廃村の数が多く、様々な廃村の元住民から声をうかがっている。関東は廃村の数は少ないが、平成24年～25年に積極的に取材を行っていた。

〔北海道〕	初訪問	初取材	訪問回数
道央　夕張市鹿島	平成 元年　8月	平成23年　6月	3回
道央　むかわ町累標沢	平成24年　5月	同　24年　5月	1回
道東　厚岸町小島	平成28年　5月	同　28年　5月	1回
道東　紋別市鴻之舞	平成 元年　8月	令和　2年　3月	4回
道東　滝上町上雄柏	令和 元年　5月	同　2年　3月	2回
〔東北〕			
秋田県大館市合津	平成11年10月	平成23年11月	6回
秋田県北秋田市小摩当	平成12年10月	同　29年10月	4回
秋田県由利本荘市東由利原	平成30年　9月	令和　2年　2月	2回
秋田県美郷町湯田	平成27年　9月	平成29年　2月	2回
山形県上山市蔵王鉱山	令和 元年　9月	令和 元年　9月	1回
山形県大石田町小平	平成20年　7月	令和 元年　9月	2回
山形県小国町小倉	令和　2年10月	同　4年　5月	2回
〔関東〕			
茨城県神栖市深芝浜	平成30年　7月	平成30年10月	2回
群馬県上野村本谷	平成17年11月	同　24年　6月	3回
群馬県嬬恋村石津鉱山	平成18年　4月	令和　5年　7月	3回
群馬県嬬恋村小串	平成18年　7月	平成25年　4月	3回
埼玉県秩父市小倉沢	平成15年　7月	同　24年　2月	4回
東京都八丈町宇津木・鳥打	平成16年　9月	同　24年　6月	2回

01 北海道 鴻之舞《こうのまい》

歴史の語り継ぎに込めた想い

北海道紋別市鴻之舞元町ほか
戸　数　1333戸（昭和35）
移転年　昭和48年（1973年）
鉱山閉山のため移転【鉱山集落】

鴻之舞はオホーツク海に注ぐ藻鼈《もべつ》川上流域にある鉱山集落で、小学校跡の標高は158m、紋別市街から28㎞（クルマで55分）である。鴻之舞金山は、新潟の佐渡金山、鹿児島の串木野金山とともにその名を馳せたが、資源の枯渇から昭和48年に閉山し、鉱山町は消滅した。国産の鉱物のほとんどは、高度経済成長期の円高によって競争力をなくし、金属鉱山の多くは昭和期までに閉山となった。鉱山集落には、閉山と同時期に無住化したものが多い。

筆者が鴻之舞に注目したのは、令和元年初夏、三度目の訪問時、旧上藻別駅逓《えきてい》兼金山資料館で出会った、駅逓保存会の代表 小玉勝信《かつのぶ》さんに鴻之舞を案内していただいたとき「歴史を語り継ぐこと」への情熱を感じたことによる。そこにはどのような想いがあるのだろうか。

鴻之舞金山、鉱山集落のあらまし

「鴻之舞金山と旧上藻別駅逓」Ｗｅｂ（管理者　上藻別駅逓保存会）には、鴻之舞の詳細な歴史が記されている。以下、Ｗｅｂの記事を抜粋してその歴史のあらましを見てみよう。

＊　＊　＊

鴻之舞は北海道紋別市の山間部、国鉄名寄《なよろ》本線紋別駅より約28km、石北本線遠軽《えんがる》駅より約29kmの地にあった。

住友鴻之舞金山は、大正4年に発見され、戦前から戦後にかけて東洋一の金山として隆盛を極めた。総生産量は金72トン、銀1240トンに達し、一つの鉱山としては日本最大規模であった。

［大正期］

大正4年（1915年）11月　上藻鼈上流金龍《きんりゅう》沢の砂金有望の噂あり、鴻之舞金山発見の端緒を作る。

大正5年5月　有志7人による組合経営として発足。6月には吉田久太郎が山長となり事業を開始する。

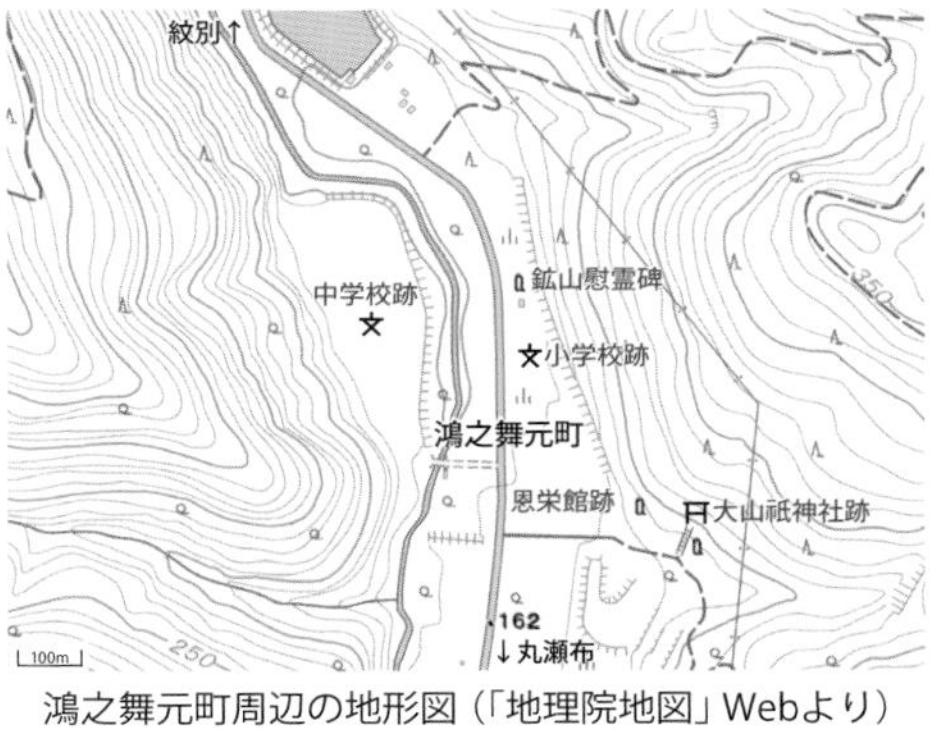

鴻之舞元町周辺の地形図（「地理院地図」Webより）

大正6年1月末　住友と売山交渉のため吉田久太郎ほか4名上阪、2月売買契約成立。

大正7年4月　元山仮教授所（後の鴻之舞小学校）、仮診療所・診療開始。12月製錬操業開始。

大正10年10月　金山の鉱石輸送の動脈 幹線鉄道名寄線（名寄―中湧別）が全線開通した。

大正12年3月　湧別川水力電気株式会社による発電所に事業認可、11月、300kW受電開始。

大正15年7月　鴻之舞の手前（紋別寄り）に、上藻別駅逓所《えきていしょ》が開設される。駅逓は北海道独自の交通施設で、宿泊、人馬の継ぎ送り、郵便などを業務とした。

［昭和戦前・戦中期］

昭和6年11月　鴻之舞―丸瀬布《まるせっぷ》間道路（金八峠）完成。

昭和7年7月　鴻丸索道完成。9月、幹線鉄道石北線（新旭川―野付牛《のつけうし》）が全線開通した。以後、名寄線とともに石北線は鉱石輸送の動脈となった。

昭和12年　福利厚生施設 恩栄館（2400人収容）竣工。

昭和15年　上藻別駅逓所、駅逓業務を廃する。その後建物は旅館、住宅として使われた。

昭和17年　従業員数4600人、人口1万3千人（ともに最多数）を記録。

昭和18年　金山整備令により休山、5月中旬には少数残留者を残し、移動を完了、保坑鉱山となる。6月、鴻紋《こうもん》軌道（鴻之舞元山―紋別、28㎞）が開通する。

鴻之舞小学校（昭和34年頃）。二宮金次郎像の台座と校舎の側壁は今も残る

［戦後期］

昭和20年8月　太平洋戦争終結。鉱山再開に向け秋より準備に入る。

昭和22年12月　鉱山再開申請書通過。

昭和23年　周辺道路の整備による自動車輸送が進み、鴻紋軌道廃止。

昭和30年　年間金生産量2・98トンを記録（最大の産出量）。

昭和34年　元町にあった鴻之舞小学校はへき地等級1級、児童数１１７１名。川の向こう側にあった鴻之舞中学校は生徒数３６０名（学校最大規模の時期）。鉱山街には８７４２人が住んだ。

この頃普及したＴＶはケーブルを使った有線放送で、その普及は紋別など近隣のどの街よりも早かった。

昭和35年　第一次人員整理が実施される。

昭和38年　第二次人員整理が実施される。以降、鉱石品位の低下、物価・人件費の高騰などにより、減産の道をたどる。

昭和46年7月　鴻之舞鉱山と改称。10月、集中豪雨で沈殿池、坑内等に莫大な被害を受ける。

昭和48年（1973年）　新鉱脈の探査や合理化に努力を傾け存続の道を図るも、成果のないまま企業としての採算が成立せず、半世紀余りの歴史の幕を閉じた。

上藻別駅逓（鴻之舞金山資料館）について

現在、鴻之舞の歴史を語り継ぐための拠点となっている旧上藻別駅逓（鴻之舞金山資料館）については、「鴻之舞金山と旧上藻別駅逓」Ｗｅｂにその歴史、詳細が記されている。

＊　＊　＊

上藻別駅逓所は、大正15年に官設の駅逓所として建てられ、入母屋《いりもや》造鉄板葺平屋建の本館と、寄棟造鉄板板葺2階建の増強部からなり、外壁は下見板張で、2階窓には装飾的な額縁をつけ、内部は中廊下式で客室等を配しており、延面積は301・4㎡です。紋別地方で現存する唯一の駅逓建造物で、戦前の北海道独特の建築形態を有する代表的な古建築物です。

昭和15年に駅逓業務を廃し、高地旅館として昭和24年まで営業した後も長らく、住宅として使われていました。平成の世を迎え、駅逓の建物は老朽化が進み、その歴史を閉じようとしていました。

しかし平成16年、「往年の賑わいを今に伝えるただ一つの建造物である、この消えかけた遺産を守ろう」と、元鉱山関係者5人の有志が立ち上がり、「上藻別駅逓保存会」が結成されました。

鴻之舞金山の歴史を後世に語り継ぐ資料館として、「駅逓所を当時の姿に必ず蘇らせる」という会の熱い思いが地域住民の共感を呼び、活動初期から地域ぐるみの手作りで、少しずつ修復が行われました。

展示物の多くは住民からの寄贈によるもので、平成17年には鴻之舞金山資料館として開館しました。

その後も地域一丸となって周辺施設の修復活動を続けると共に、歴史の伝承活動を続け、今では、地域住民と他地域の交流、高齢者と若者の世代間交流など、開拓時代に駅逓所が持っていた交流の場としての役割が現代に蘇りました。

旧上藻別駅逓・鴻之舞金山資料館（令和元年5月）

また、平成20年には韓国映画のロケが建物で行われ、さらに同年10月、「昔の形態をよく残しながら駅逓の歴史を伝えていること、歴史的に貴重な建造物として国土の歴史的景観に寄与している」として、国の登録有形文化財（建造物）になりました。いまでは鴻之舞をふるさとに持つ全国各地の方たち、多くの観光客からも注目され、毎年3千人以上の方たちが訪れる地となりました。

保存会では、その施設内外の運営、修復活動、鴻之舞金山の伝承活動、市民農園やイベント（そばひき体験等）などを行っています。

「鴻之舞金山を語り継ぐ」金山勤務者の記録

旧上藻別駅逓で、小玉勝信さんから頂戴した冊子『鴻之舞金山を語り継ぐ』（鴻之舞鉱山開山100周年記念事業実行委員会刊）は、林包昭《かねあき》さんという金山に勤められた方が記したもので、鉱員もしくは住民の視点で、鉱山や鉱山集落のことがまとめられている。

林包昭さんは昭和5年福島県生まれ。6歳のときに鴻之舞に移り住み、国民学校を卒業後、昭和23年から昭和38年まで鴻之舞金山で働いた。閉山後、昭和48年から同56年まで鴻之舞で採石の仕事を行った。その後、首都圏での仕事に就き、定年退職後の平成5年に紋別市に転入し、

「上藻別駅逓保存会」代表、「紋別鴻友会」会長として活躍された。
ここでは、冊子の中から印象深かった3つの事項を抜粋してまとめる。

＊　＊　＊

(1) 芸者さんの名前が峠についた

鴻之舞から石北線への道路を付ける際に、丸瀬布《まるせっぷ》、遠軽どちらに付けるかで、両町の競り合いがありました。丸瀬布では町をあげての誘致運動を展開して、料亭の芸者さんに「協力してほしい」と話を持ち掛けました。芸者さん達は協力をして頑張りましたが、なかでも飛びぬけていたのが料亭「美濃家」の金八姐《きんぱちねえ》さんでした。金八姐さんは調査に訪ねた係官に心を尽くしたおもてなしをしたので、係官は自然と金八姐さんのところへと集まりました。

道路は丸瀬布に付くこととなり、昭和6年12月に開通しました。峠の名前を付けるにあたり、力になってくれた金八姐さんの名前が浮かび、全員一致で「金八峠」と名付けられました。

(2) 昭和区には遊郭があった

丸瀬布から鉱山の入口の間には上鴻之舞という農村があり、開拓農家が12～13軒ありました。鴻之舞と上鴻之舞の境には見張り所があり、その上流のほうに、女の人のいる遊郭とよばれる建物が10軒以上あったようです。そこには食料品を売る店や宿やなどができ、一号という名前が付きました。後に一号は昭和区と呼ばれるようになりました。私は鉱山で働き始めた頃、「銀座」という名の遊郭の女将さんから「渡り鉱夫に恋をしたアイヌの娘の物語」を聞きました。アイヌの娘おたばちゃんは「結婚したいから待っていてほしい」と言って出て行った流れ鉱夫を2年半待ち、帰ってこない鉱夫を追いかけようとして、雪の金八峠で倒れてしまったといいます。峠に奉られたおたばちゃんの供養塔に手を合わせ、私は男と女の愛というものの深さをしみじみと感じたものです。

(3) 朝鮮の人たちから可愛いがられた

鴻之舞にはたくさんの朝鮮の人たちが住んでいました。昭和17年、金山の労働者4600人のうち、朝鮮人労働者は1000人いたという記録があります。子供だった私の記憶では、日本人と朝鮮人は仲良く働いていたと思います。

私は朝鮮の人たちから「カネちゃん」と呼ばれて可愛いがられ、モツ（ホルモン）づくりの手伝いをすることもありました。どうして朝鮮の人たちと仲良くなれたのでしょう。今思うと、同級生がいたし、小さいときから世話好きだったからだと思います。ある朝鮮の人が言葉が通じず店屋で困っていたので、私が店の人と話をして助けてあげると、「ありがとう」と感謝されたことを憶えています。

筆者と鴻之舞との出会い

筆者が初めて鴻之舞を訪ねたのは、平成元年（１９８９年）8月12日（土）のことだった。大阪発30泊31日の北海道をメインとしたツーリングで稚内からサロマ湖に向かう道中、単独で訪ねて探索しているのだが、写真ひとつ撮らずだった。そのときは、道沿いの平地に「金竜町」などの案内板が建っているのが印象に残った。

30年ぶりの再訪は、平成31年（２０１９年）2月10日（日）、探索仲間の成瀬健太さん（札幌在住）、田中基博さん（当時旭川在住）の３人組で果たした。元町でクルマを停めて、青空の下、「銀色の道」鴻紋軌道記念碑、鴻恩寺跡に建つ慰霊碑、開山百年記念碑を見て歩いた。

道道沿いには小学校・中学校それぞれに「学舎の里」の碑が建っており、小学校跡碑の奥には、校舎の煙突と壁の一部、二宮金次郎像の台座が残っていた。学校跡と神社の間に建つ「元町跡　紋別鴻友会」の案内板は、30年前に見た

鴻恩寺跡に建つ「鴻之舞鉱山慰霊碑」（令和元年5月）

ものと同じ形だった。

3度目の鴻之舞は、令和元年（2019年）5月26日（日）、成瀬さん、田中さんに紋別在住の探索仲間 辻加寿彦《かすひこ》さんを加えた4人組で出かけた。暑さが尋常でなく、この日の紋別の最高気温は37・0℃まで上がった。

3ヵ月半ぶりの再訪で見学できた鴻之舞金山資料館（旧上藻別駅逓）には、たくさんの山関係の資料が展示されていた。事前にメールしておいたおかげで、代表の方（小玉勝信《かつのぶ》さん）に大煙突、大山祇《おおやまづみ》神社、五号坑坑口を案内していただくことができた。

小玉さんと分かれて、慰霊碑、「銀色の道」記念碑を見て、プールが残る中学校跡を探索した後、再び資料館の小玉さんを訪ねた。小玉さんは「資料館には現地のことを知る案内人が必要だが、なかなか後継者が見つからない」と話された。その思いは、廃村の元住民の「住まなくなっても守りたい」と共通する。「可能であれば、掘り下げてみたい」と思った。

そして、再び小玉さんに会いにいく

令和2年（2020年）3月8日（日）、筆者は北海道2泊3日の廃村旅の道中、紋別市街に住まれる小玉さんから「歴史の語り継ぎに込めた想い」をうかがった。当初、取材は上藻別駅

鴻之舞中学校（昭和34年頃）。プールには木製の観覧席が設置されていた

逓で行う予定だったが、「駅逓は寒いから」と小玉さんの自宅で行うことになった。取材には辻加寿彦さんと地元の新聞社（北海民友新聞）の記者の方が同行した。

小玉勝信さん（昭和19年生まれ）は、仕事を求めた家族とともに秋田県男鹿から北海道へ渡り、お父さんは昭和20年から閉山の年（昭和48年）まで鴻之舞金山の精錬所に勤められた。

小玉さん自身も資材課で木材の仕入れの仕事をしたが、第二次人員整理の年（昭和38年）に退職し、紋別で資材会社、燃料会社に勤められた。このため、鴻之舞と紋別の間を行き来することが多く、「紋別で鴻之舞のことを尋ねるとしたら小玉さん」という存在になっていった。

当初、上藻別駅逓の整備は行政（紋別市）が主導した産業クラスターの手で進められたが、方向性は定まらなかった。しかし、林包昭さん、小玉さん、産業クラスターの一員池澤さんなど、5人の有志が「上藻別駅逓保存会」を結成して駅逓の整

元町・「恩栄館」で映画を見て帰宅する人々（昭和35年頃）

備に係わられたところ、建物の修理や敷地の整地などにたくさんの方の力添えがあって、6ヵ月で成果をあげることができた。

上藻別駅逓は市の建物で、保存会の運営は「入館料は取らず、募金でまかない、市を介して管理費をいただく」という形をとっている。運営は行政との関係が大切で、北海道が駅逓のそばに新しいトイレを建設したところ、駅逓に立ち寄る方が増え、年間入場者は4000人に増えた。会では定期的に鴻之舞の産業遺産見学会を催しており、希望があれば大煙突などの立入禁止区域でも鍵を開けて案内することもある。市には「後継者を探してほしい」と訴えているが、それはなかなか難しい。

鴻之舞出身者の会（鴻友会）は年々縮小し、札幌と北見の会は解散したが、紋別鴻友会は存続し、毎年7月に総会を行い、現地の整備を行い、慰霊碑を守っている。慰霊祭は「開山100周年記念碑」を建立した年（平成29年）にやめることになった。

小玉さんの家には、往時の鴻之舞の空中写真、住友発行の「鴻之舞新聞」の綴り、現在の鴻之舞の写真集など、たくさんの資料があって、まるで、上藻別駅逓別館のようだ。

林包昭さんは令和2年1月に亡くなられた。小玉さんからは「鴻之舞の最後の語り部」という強い想いが感じられた。取材の終わり、「鴻之舞を語り継ぐことへの想いは、どこから湧くのでしょうか」と尋ねたところ、小玉さんは「それは俺のふるさとだからだよ」と話された。

＊　＊　＊

かつて1万人を超える人々が住んだ鉱山街の鴻之舞は、多くの方々のふるさとであり、住友や紋別市にとっても特別な場所と言える。筆者の眼には、上藻別駅逓の管理は、責任は重いがとてもやりがいがある仕事のように見える。

「鴻之舞金山と旧上藻別駅逓」Ｗｅｂを見ると、たくさんの方の力添えがあって、上藻別駅逓が成り立っていることがよくわかる。小玉さんの想いは、きっと次世代につながっていくはずだ。

【令和2年3月8日（日）取材】

小玉勝信さん、紋別の自宅にて

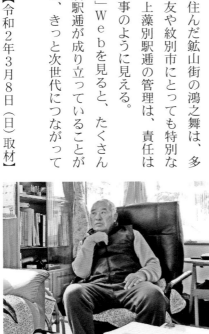

学校跡整備と花壇に込めた想い

02 北海道 上雄柏《かみゆうはく》

北海道紋別《もんべつ》郡滝上《たきのうえ》町 オシラネップ原野
戸　数　52戸（昭和35）
移転年　平成19年（2007年）
個別移転【農山村】

上雄柏はオホーツク海に注ぐ渚滑《しょこつ》川水系オシラネップ川沿いにある農山村で、学校跡の標高は２０８ｍ、滝上町市街から17㎞（クルマで34分）である。オシラネップ原野という住居表示は、滝上市街地からオシラネップ川沿いに25㎞にわたるので、本流沿い下流側から濁川《にごりかわ》、下雄柏、中雄柏、上雄柏、拓雄《たくゆう》、支流沿い雄背牛《おせうし》の６行政区に分かれている。現在、濁川と下雄柏を除く４行政区は無住となっている。

筆者が上雄柏に注目した理由は、令和元年初夏、初めて訪ねたとき、整然とした学校跡が迎えてくれたことにある。後日の調べで、その整備は一人の卒業生の手で行われたことがわかった。そこにはどのような想いがあるのだろうか。

上雄柏のあらまし

『新撰滝上町史』には、町内20行政区の歴史が掲載されている。以下、その中の記述を主として上雄柏のあらましを見てみよう。

＊　＊　＊

大正5年（1916年）　高知県人掛橋《かけはし》亀千代、山本亀《かめ》寿《とし》等が相前後して二十二線（中心部の1・2km手前）に入植し、上雄柏の歴史がはじまった。

大正13年　地域的な不便を除くため、延長14kmにわたるオシラネップ原野を4地域に分割し、上雄柏は行政区になった。

大正13年当時12戸だった戸数は次第に増加したので、交通の便を開いた。また、戸数の増加は学齢児童の増加となり、学校設置の必要が生じた。

昭和7年2月　二十四線（中心部）に上雄柏特別教授場ができて、地域住民多年の要望であった教育機関の開設が実現した。

上雄柏の地形図（「地理院地図」Webより）

上雄柏小中学校、卒業式のひとこま（昭和43年3月）

昭和9年　二十九線以奥の国有未開地の解除とともに、濁川を起点として三十三線にいたる延長17・7㎞の森林鉄道が完成した。

同年二十四線に上《かみ》雄《お》白熱布《しらねっぷ》官設駅逓所《えきていしょ》が設置され、この地域の開発は着々進展した。

昭和20年　国の緊急開拓事業が実施され、この地区のオシラネップ川上流のペペロナイ川との合流点付近に開拓者20数名の入植があった（この地区は、昭和23年に独立し、行政区拓雄《たくゆう》となった）。

昭和22年　点燈事業が完成し、学校を始め集落の家々に明かりが灯った。

昭和25年　上雄柏小学校拓雄分校が設置され、拓雄にも電気も導入された。その後しばらくは営林署の風倒木処理事業と相まって活況を呈した。

昭和29年、二十四線に雄柏簡易郵便局が設置された。二十四線は学校、商店、簡易郵便局が集まる上雄柏の中心として機能した。この年の9月、台風15号により未曾有の森林被害を受けた。

『農協史　創立三十周年』（滝上町農業協同組合刊）によると、昭和30年代の上雄柏を含む滝上町農山村の主な農産物は、大豆などの豆類、工業用・食品用でんぷんの原料である馬鈴薯、寒冷地に適したハッカだった。積雪地のため、夏は農耕、冬は造材というのが大方の生活のパターンだった。滝上町は林業が盛んで、濁川の貯木場にはたくさんの木材が運ばれた。

昭和34年　森林鉄道オシラネップ線は廃止となった。

この年、上雄柏小中学校は、へき地等級2級、児童数61名、生徒数27名。拓雄小中学校は、へき地等級5級、児童数51名、生徒数6名だった。

拓雄は風倒木処理が終わると、あまりにも奥地であるために営農意欲がうすれ、逐次脱落するものが出て、昭和43年3月、全戸離農し、学校も廃校となった。

昭和10年には52戸283名、同38年には51戸257名（住民基本台帳）を有した上雄柏だが、離農が進んだ昭和49年には13戸42名に減少していた。

『43年史　わが母校』（閉校記念誌）の表紙に描かれた上雄柏小学校（昭和50年）

昭和50年3月　上雄柏小学校は入学児童の見通しがなくなり、廃校となった。創立から閉校まで、３４１名の卒業生が巣立った。

小学校の閉校後、過疎はさらに進行し、昭和56年には4戸9名まで減少した。そして平成19年、最後の住民1戸1名の転居により、上雄柏は無住となった。大正5年の入植から91年目のことであった。

上雄柏小中学校跡を一人の手で整備する

「滝上町ホームページ」町長室へようこそ　No.81（２０１４年11月）には、上雄柏小中学校跡の整備を一人の手で実現した堀江晴男さんの動き、町が堀江さんに感謝状を贈呈したときのことが掲載されている。以下これに一部修正を施して転載する。

＊　＊　＊

平成26年11月11日、廃校となった母校「上雄柏小中学校」の校舎を一人で解体し、環境整備を行った堀江晴男氏に感謝状を贈呈しました。

上雄柏小学校は昭和7年に開校し、高度成長期の昭和31年に校舎落成をみましたが、昭和50年に濁川小学校に統合となり、43年の歴史を閉じました。

堀江氏は昭和32年に上雄柏で生まれ、就職のため町を離れましたが、退職後滝上町に戻り、ビル管理会社に入社し、町が委託しているスポーツセンターの管理業務に従事しています。

きっかけは、平成24年のGW、37年ぶりに再会した友人から、「同窓会で仲間と訪ねた母校のあまりの変貌に、同行した校長先生が涙を流した」と教えられたことでした。まもなくひとり訪ねた学校跡地に母校の面影はなく、雑草がうっそうと生い茂り、かつての学び舎は廃墟と化していました。堀江氏もその現状に涙して、校舎の片づけと環境整備を心に決めたといいます。

平成24年6月に開始した作業は、土日や仕事の合間を縫って進め、学校跡碑のそばに造った花壇の縁取りは、オシラネップ川の石を並べ、雑草に覆われていた校庭も草を刈り、訪れた人々が思い出に浸りながら休めるベンチも備えました。翌年から校舎の解体に着手し、道具はバールとハンマー、夏はぶよ等虫に刺されないよう勤務前の早朝3時半から始めることも。校舎に住みついていたスズメバチ

整備開始時のオシラ花畑予定地(平成24年6月)

や出没する熊の恐怖に気を遣いながら、感謝の気持ちを込めて一つ一つ丁寧に思い出の詰まった校舎の解体作業を行ってきたそうです。

この夏、整然と積まれた解体材、美しく手入れされた花壇を拝見し、相当な信念がないとここまでできるものではないと思いました。恩師の涙の話を契機に、たった一人でこつこつとやり遂げた堀江さんの善意の奉仕に敬意を表するものです。

筆者と上雄柏との出会い

筆者が初めて上雄柏を訪ねたのは、令和元年（２０１９年）５月25日（土）のことだった。晴天のもと、探索仲間３人（辻加寿彦《かずひこ》さん、成瀬健太さん、田中基博さん）とともに、中雄柏、上雄柏、拓雄の順で学校跡を訪ねた。メンバーのうち辻さん（当時紋別在住）は、幼少期、中雄柏の小学校（雄柏小学校）の教員住宅で過ごしている。中雄柏の小学校跡、地区センターそば、高雄橋よりも上流に人の気配はなかったが、車窓からは畑地が見られた。後に中雄柏も平成29年に無住化したことを知った。

上雄柏到着は午後1時頃。学校跡には跡地碑や花畑が整備されていて、ベンチにはブルーシートが施されていた。丸くて小さな碑には「オシラ花畑」と刻まれていた。校舎は煙突と基礎になって、ガレキは校庭の一角に綺麗に山積みされていた。校名入りの門柱は、なぜか校舎の並びにあった。「学舎の風景」Ｗｅｂ（管理者ｐｉｒｏさん）には平成19年6月、「村影弥太郎の集落紀行」Ｗｅｂ（管理者村影弥太郎さん）には平成24年5月の学校跡の様子が載っているが、見比べると今の風景がいちばんすっきりしていた。

昼食休みを花畑あたりで取ったところ、すでに上雄柏を訪ねている3人は花畑のベンチを囲んでのんびりと話し込んでいる。初訪の私は学校跡から離れて教員住宅の様子を見にいったが、少し離れている駅逓跡の建物は車窓から見るだけになった。

そして、堀江晴男さんに会いにいく

令和2年1月中旬、「是非、堀江さんに会ってお話をうかがいたい」と思った筆者は、滝上町役場の方に「紹介していただけないか」と頼んだ。しかし、堀江さんは

筆者が見た上雄柏小中学校跡地碑と花畑の碑
（令和元年5月）

滝上町から転出して、今は旭川市に住まれているという。滝上—旭川の距離は約110kmある。

町役場の担当の方の尽力のおかげで、旭川で堀江さんへの取材ができることになった。また、雄柏地区の人口統計資料、往時の上雄柏小中学校の卒業式の写真など、多くの資料を用意いただいた。

令和2年（2020年）3月8日（日）、筆者は午前中紋別市街で鴻之舞の取材を行い、午後、旭川行きの都市間バスに滝上から乗車した。堀江さんは旭川駅南口で待ってくれていて、「飛行機の便のこともあるから」と、取材は旭川空港内で行うことになった。

「単独で学校跡を整備し、花壇を作られたというと、どんな方だろうか」、「旭川に越された後の手入れはどうなっているのだろうか」など、関心事はたくさんあったが、何と堀江さんは「自叙伝（故郷）」というタイトルの18ページの資料を用意してくれていた。

堀江晴男さん（昭和32年生まれ）は上雄柏の農家の4人きょうだいの次男で、高校卒業まで暮らされた。そして昭和50年、航空自衛隊に入隊され、警戒管制官、ナイキ発射員、気象予報官として日本の防空に従事した。

平成24年、退官して両親が住む滝上町でビル管理の仕事に就かれ、37年ぶりに上雄柏に帰ったとき、荒れ果てた母校の姿に言葉を失い、涙が流れ、あまりの悲惨な光景に怒りが込み上げてきたという。しかし、校舎のガレキの合間に綺麗に咲くスイセンの花を見て、「暗闇に希望の灯火が灯った」ように感じ、「故郷のため何か貢献したい」、「学び舎に感謝の気持ちを返したい」という想いから、学校跡整備という大プロジェクトを立ち上げることになった。

その中で、廃村となった故郷の中で生き続けたスイセンの花を中心として「学校や集落を蘇らすことのできる花壇をつくる」ことになった。花壇の構想の部分を、「自叙伝（故郷）」から引用する。

＊　＊　＊

どういう花壇にするのか（構想）

・自然環境や動植物の影響を受けにくい石や砂利を使用すること（村にあるもので保存性を重視）。
・学校跡地を示す石碑の近くで、見栄えのある大きさにすること。
・花壇全体が石碑の中央にして、石碑と花壇をつなげること。

37年ぶりの帰省時、母校は荒れ果てていた（平成24年11月）

・小中学校であったことから二つの花壇（植える場所）を造ること。
・校舎前に咲いていたスイセンを花壇中心に移植すること。
・花壇を中心に「学校エリア」を、その周りには「村のエリア」を造ること。

＊　＊　＊

幾多の苦難の末、３年目の秋、プロジェクトは成果を残し、車椅子の父に見せることもできたが、「故郷に貢献できたこと」を区切りとして、平成27年の春、子供が住む東京圏にも行きやすく、かつ滝上町からもそう遠くではない旭川市に転居することになった。

「自叙伝（故郷）」の末尾には、「転居後も上雄柏には年に10回前後通い、身体が動く限りは花壇の維持管理と学校跡の環境整備を続ける」、「そうすることで、故郷は生き続けているように思える」と記されている。

スイセンが咲く季節のオシラ花畑（平成25年5月）

筆者は全国各地の廃村を訪ね、さまざまな姿の廃村を見続けてきたが、これほど強い個人の想いに触れたことは今までになかった。完成までの長期的な計画、完成後の手入れ、さらに手入れができなくなっても敷石は後世に残るなど、その視野の広さは「すごい」と思った。

取材の最後に堀江さんは「失われた故郷だから、想う気持ちも強くなる」と話された。

＊　＊　＊

「自叙伝（故郷）」添付の資料には「学校跡の整備に着手して以降、上雄柏出身者の中でのひろがりはない」とあるが、見る人は見ていることが、滝上町在住上雄柏の元住人４名へのアンケートからわかった。アンケートは、対面での取材ができなかったため、行ったものだった。

◎Ａさん（女性、昭和25年生）
上雄柏三十線で生まれ育つ。両親は農業・林業に従事。昭和37年から43年まで商店を開業（食糧品、雑貨）。

学校跡が整備されたことについて＝よいことだと思う（4名全員「よいこと」と回答）。

なかなか思い付く事ではない事をされて感心しています。

滝上町名物のシバザクラも咲く

私も友達と一度花畑を見に行って来ました。とってもきれいに花が咲いて居て、昔の事を思い出しながらながめて来ました。ありがとうございます。

◎Bさん（女性、昭和26年生）

生まれてから高校卒業まで上雄柏に住む。両親は農業・酪農とその手伝いまだ自分の山林があるので、何年かに一回足をのばすことがあります。その時きれいになっているグランドを見ると、桜が咲いていた事とか、仲間とグランドをかけ回った事とかを思い出しました。

◎Cさん（女性、昭和25年生）

昭和42年まで上雄柏で暮らす。両親は農業（ハッカ、ビート、イモなど）・林業に従事。花を植えていると聞いたとき、すごいと思った。私も昔の事を思い出す事ができました。ありがとう！　冬の暖房、今は灯油。私が入学した時は親達が集まり、冬に使うまきを作り、子供達は学校のうらにある物置までまきを運び、1年の燃料を調達しました。炊事、遠足、リヤカーに荷物積み、川のジャリの所で炊事、まきをくべて暖まる。できあがった飯盒《はんごう》のごはんは美味しかった！

◎Dさん（男性、昭和25年生）　昭和33年から38年まで上雄柏に住む

廃校になってこわれていく校舎を見ていると、心が折れていた思いをしていました。そんな時に花壇整備の話を聞き、手伝いはできないけれど、ホッとした事をおぼえています。

＊　＊　＊

筆者は「自叙伝（故郷）」を原稿として、5月に『上雄柏・学校跡整備と花壇に込めた想い』という小冊子を作成した。この小冊子は滝上町の道の駅で取り扱っていただいている。

まずアイデアを思い浮かべること、それを実行すること、そして「継続すること」はとても大切だ。

令和4年6月24日（金）、筆者が協力したNHK札幌放送局制作の『北海道道「廃村の記録」』という番組で、小玉さんと鴻之舞、堀江さんと上雄柏が取り上げられた。

鴻之舞では、社宅やプール跡の案内を受けてレポーターの若い方が「ひとつの歴史が終わる過程を見るのは大切」と話していた。上雄柏では花壇が映るコマで、堀江さんが「次の世代に伝えるために形として残したい」と話された。

【令和2年3月8日（日）取材】

堀江晴男さん、旭川空港にて

03

秋田 小摩当《こまとう》

集団移転地から通耕を続ける

秋田県北秋田市栄字小摩当沢
戸　数　11戸（昭和33）
移転年　昭和47年（1972年）
集落再編成事業で移転【農山村】

小摩当は米代《よねしろ》川水系小摩当川の上流にある農山村だが、標高は80ｍ（離村碑前）と比較的低い。ＪＲ鷹ノ巣駅から８㎞、新しい小摩当（移転地）から３㎞（クルマで８分）である。

戸数11戸の稲作を生業とする農村だったが、高度経済成長期後期、山間の暮らしが厳しくなるにつれ、町との結びつきが強くなり、昭和47年、集落再編成事業により沢口小学校跡を整備した移転地（新しい小摩当）へ集団移転がなされた。

『秋田・消えた村の記録』の著者　佐藤晃之輔先生は、「集落移転のモデル」として、筆者を小摩当へ連れて行ってくれた。それから20年以上経過した今も、集落跡には神社や土蔵が残り、耕された田んぼを見ることができる。そこにはどのような想いがあるのだろうか。

集落再編成事業について

『秋田大百科事典』（秋田魁新報社刊）には、集落再編成事業の記述がある。集落の無住化が進む時代を迎えた今、半世紀前になされた政府の施策を振り返ってみたい。

＊＊＊

山村地域で、分散している小集落を移転統合し、生活環境の整備を図るとともに、就労の場を確保することを目的とした施策。秋田県は１９６９（昭和44）年に「集落再編成事業推進要綱」を作成し、移転希望者に住宅建設のため、1戸当たり50万円の補助金と１００万円の融資を行った。この事業は１９７６（昭和51）年に打ち切られたが、この間、北秋田郡上小阿仁《かみこあに》村萩形《はぎなり》集落12戸が移転したのをはじめ、最後の本荘市大場台集落まで、計90集落、３７８戸が移転した。一方、国土庁は、１９７１（昭和46）年に人口減少の著しい過疎地域を対象に、過疎地域集落再編成事業に着手し、集落再編に対する助成策を具体化した。この事業で

小摩当の地形図（「地理院地図」Webより）

は、1980（昭和55）年までに、平賀郡大森町夏見沢《なつみざわ》、吉ケ沢《よしがさわ》などの25戸、上小阿仁村屋布《やしき》の16戸、北秋田郡比内町柄井沢《からいざわ》の11戸が、各町村に造成した団地に移転した。

＊　＊　＊

集落再編成事業による集団移転には、「集落のコミュニティが存続する」という大きな利点がある。移転後も集落の田畑を継続して耕作するにおいて、コミュニティは大きな力となる。

筆者は平成27年秋、研究調査のため林直樹さん（当時東京大学大学院特任助教）とともに秋田県内62ヵ所の農山村を訪ね、その現況、集落移転の実態を掘り下げた。調査をもとにした資料の要点をまとめると、集団移転が行われた51集落のうち、集住型（5戸以上）は27集落、分散型は24集落、個別移転の11集落では集住型（5戸以上）は6集落、分散型は5集落だった。

この結果について、協力していただいた佐藤晃之輔先生からは「昭和40年代から50年代の集落移転では、移転はしても離農はせず、通いの耕作で農業を続けたいという考えが強かったのではないか」という言葉をいただいた。これに対し、オプションで調べた21世紀の集落移転（由利本荘市十二《じゅうに》ケ沢《がさわ》、湯沢市蓮花台《れんげだい》）はともに個別移転、分散型であり、佐藤先生からは「移転イコール離農と言う考えから、移転地が通いの耕作とは関係なしに選ばれたからではないか」という言葉をいただいた。

筆者と小摩当との縁（初訪時と再訪時）

平成12年（２０００年）10月8日（日）、筆者は先の妻くみ子との東北旅行の中で、佐藤晃之輔先生に勧められて、佐藤先生の案内で初めて小摩当を訪ねた。このときの第一印象は、「よく手入れがなされている廃村」だった。向かう道は砂利道だが、田んぼはきれいに耕されていて、白壁の蔵も含めて建物はしっかり残り、神社の鳥居も構えていて、昔の農村の雰囲気が残されている感じがした。

平成26年（２０１４年）９月、農政の研究者で『撤退の農村計画』の著者 林直樹さんとの縁ができ、林さんに『秋田・消えた村の記録』を紹介したことから、雪の季節の秋田行きの計画を立てることになった。林さんが集団移転に強い関心をもつことから、集団移転のモデルケースといえる小摩当の再訪を計画した。前日には佐藤先生が住む大潟村で、３人で会食した。

高さが違う窓が印象的な小摩当の白壁の蔵（平成12年10月）

平成27年（2015年）2月7日（土）、筆者は研究調査の下見のため林さんと2人で小摩当を再訪した。途中、新しい小摩当に立ち寄ると、話はしなかったが、お母さんと子どもの姿が見当たった。集落移転の頃からの家よりも、新しい家のほうが多そうな感じがした。

小摩当の約2km下流に架かる橋の手前にクルマを停めて、カンジキを持って1kmほど雪道を歩くと、道の除雪が終わり、その先の道は約60cmの積雪となっていた。林さん持参の地形図ソフトによると残りの距離は800mほど。土地勘がある私が先を進み、林さんがその後をゆっくり歩く形で進むことおよそ15分で、行く手に建物が見えてきた。

再訪の小摩当には離村記念碑、白い壁の土蔵、神社など、記憶のままの姿で残されていた。林さんからは、「初めてのカンジキ歩きは重くてたいへんだったけど、雪の無住集落の静けさはとても印象深かった」とのコメントをいただいた。

家屋は減っていたが、白壁の蔵は残っていた（平成27年2月）

三度目の小摩当は研究調査で出かける

平成27年（2015年）10月11日（日）、三度目の小摩当には、秋田・廃村調査（全12日間）で林さん、成瀬健太さん（札幌在住）の3名で出かけた。

クルマを小摩当の500mほど手前で停めて先へと歩くと、半分刈入れが終わった田んぼに迎えられた。その先には、すっきりとした「小摩当集落之跡」の碑が見えてきた。「季節のせいだけではないな」と思ったら、手前の古い蔵が取り壊されていた。

緑に包まれた鳥居をくぐって、今回初めて神社の本殿まで足を運んだ。神社は小さいが、手入れがなされている印象を受けた。象徴的な白壁の土蔵は、今回もきれいに残っていた。前回1m近い雪をカンジキで踏んだ道を再び歩き「快く感じた」のは、雪道を歩く大変さが身にしみたからに違いない。

秋田・廃村調査の成果は、研究成果報告書『将来的な

鷹巣町が建立した「小摩当集落之跡」の碑（平成27年10月）

再居住化の可能性を残した無居住化に関する基礎的研究—農村再生に向けて』と市販本『秋田・廃村の記録』として結実した。進めるにあたっては「平成27年度 国土政策関係研究支援事業」の助成を受けたが、筆者は初めてのことだった。この経験で、「成果が求められる研究はたいへんだ」と思った。

小摩当の元住民から話をうかがう

平成29年（2017年）2月12日（日）、筆者は3泊4日の山形・秋田・青森の廃村旅の道中、元住民の本城谷勉さん（昭和21年生まれ）のもとを訪ね、小摩当の話をうかがった。本城谷さんとは当日が初対面だったが、軽トラックで鷹ノ巣駅まで迎えに来てくれた。取材は新しい小摩当の本城谷さん宅で、朝食をいただいた後に行った。

＊　＊　＊

秋と冬の小摩当八幡神社の鳥居。（平成27年10月・2月）
坂を上った場所にある本殿は整っていた

　小摩当は11戸が暮らす山間の農業集落で、冬は製材など林業の仕事をしていた。戦前は山を越えた李岱《すももたい》との間で作った栄小学校の冬季分校があって、1年おきに開校場所を持ち回っていた。私が小学校の頃は冬も川下のほうにある沢口《さわぐち》小学校（新しい小摩当の場所）へ通っていた。動力が馬から耕運機に替わり、クルマ社会になるにつれて、農業では食べていけなくなり、町へ仕事に出る家が増えた。

　集団移転は、道路改良の陳情に行った父が、出川《でがわ》町長から勧められたことが契機だった。当初は反対した方が多かったが、新しい生活に慣れると、みな「移転してよかった」と思うようになった。現在（平成29年）、新しい小摩当の町会は、旧小摩当の10戸とその他4戸の計14戸からできている。

　棚田は3戸で切り盛りしており、専業農家の私の田畑の規模がいちばん大きい。毎年9月5日には八幡様のまつりを行っているが、年々参加する者が少なくなってきた。

本城谷さんの家で飼っていた馬。昭和30年代はどの農家にも農耕用の馬がいた

村の神様は大切にしたいが、時の流れには逆らえないのかもしれない。離村記念碑は神様ではないので、特別な思いは持っていない。

再度の取材を、四度目の現地で行う

この本で取り上げるにあたって、令和４年（２０２２年）８月６日（土）、改めての取材と現況確認のため、５年ぶりに本城谷さんを、７年ぶりに小摩当を訪ねた。初めての夏の小摩当には、秋田文化出版の石井春彦さんとともに出かけた。取材も現地で行った。

訪ねる前、田んぼがどうなっているのか気になっていたが、今回も青々と稲が育っていた。本城谷さんに田んぼのことを尋ねたところ、ご子息は春の農繁期に手伝うだけで、農業を引き継ぐつもりはないという。その理由として、米価が安定しないこと、トラクターなど農機具が高価になったこと、農地の固定資産税が負担に感じることの３点が挙がっ

小摩当の田んぼ、青々とした稲が育つ（令和4年8月）

た。「あと5年経ったら、この田んぼともお別れかなあ」という本城谷さんの一言には、現実の厳しさを感じた。本城谷さんは、小摩当を含めて、13町歩《ちょうぶ》（13ヘクタール）の田んぼを持っていて、うち3分の1ほどを自ら耕されているとのこと。今回、田んぼを眺めながら取材をすることで、「この一区画が1・5町歩」という広さのイメージがつくようになった。

この日は暑かったが、夏らしい晴天で、青空に白壁の蔵がよく映えていた。この蔵は本城谷さん所有で、「往時は米や味噌を収納していた」とのこと。この夏の秋田は雨の日が多くて本城谷さんは「日照不足が心配だ」と話された。「近年は野生動物が増えて、5年ほど前からはイノシシが現れるようになった」、「農業をするには、ますます厳しくなってきた」とも話された。

田んぼが見渡せる木陰で取材を進めているうちに、八幡神社の神様にご挨拶に行きたくなった。本城谷さんは「祭りのときぐらいしか手入れしていないので、足元に気を付けて」と送り出されたが、参道は急勾配ではあったが整っていて、拝殿も荒れた感じはなかった。

神社から田んぼに戻る途中、離村記念碑の横を通ったとき、碑文の内容が気になった。前にも読んだのかもしれないが、熟読したのは初めてのことだった。

小摩当集落之跡

ここ小摩当の地には、約三百年前頃からの林業により生計をたてた人達が居住していた。しかし、町の中心部から遠く交通の便に恵まれず、そのうえ地元での農林業による収入の減少と、生活様式の変化に対応するには、この地は不便であった。

集落の近代化と、住民の均衡ある福祉の向上を図ろうとする町の要請に基づき、住民協議のうえ県、町の特別措置を受けて昭和47年11月、新しい土地を求めて11世帯がこの地を離れた。

よって、これを後世に永く伝えるため、この碑を建立する。

昭和57年秋建立　北秋田郡鷹巣町

移転者氏名

本城谷清治郎　薄井惣一　本城谷鶴蔵　本城谷多七　薄井忠助　薄井佐吉郎

本城谷東一郎　本城谷与七　岩谷与之介　薄井利一郎　本城谷嘉吉

＊　＊　＊

本城谷勉さん。小摩当の土蔵前で

令和4年は、小摩当が新しい小摩当へ集団移転してから50年目。時代はめまぐるしく変わり、風景や暮らし、人々の気質も時代にあわせて変わってきている。くしくも離村記念碑に刻まれた名前には、いかにも半世紀前というものが多い。

本城谷さんは淡々と話していたが、土蔵や記念碑の周囲の草は刈られていて、神社の参道や拝殿の様子からも、故郷への想いが感じられた。時の流れは止めることはできないが、ただ流されるのではなく、振り返りながら、悩みながら生きていくことが大切なのではないだろうか。

小摩当の家で遊ぶ本城谷勉さん兄弟（昭和32年頃）

小摩当の取材を振り返って、たいへんなこと、悩みごとがあるとき、些細なことでも、少しでもよい方向に進むよう、神様、ご先祖様に祈りを捧げるのは、今も昔も変わらず大切なことと思った。

令和5年9月、電話で尋ねたところ、本城谷さんは「耕作は続けているが、神社はこの秋に里へ移すことにした」と話された。

【令和4年8月6日（土）取材】

開拓地の田んぼにまつわる集い

04 秋田 東由利原《ひがしゆりはら》

秋田県由利本荘市黒沢字東由利原
戸　数　10戸（昭和46）
移転年　昭和58年（１９８３年）
個別移転【戦後開拓集落】

　東由利原は子吉《こよし》川と鮎川に挟まれた高原（由利原高原）にある戦後開拓集落で、冬季分校跡の標高は２８２ｍ、ＪＲ羽後本荘駅から18㎞（クルマで36分）である。

第二次世界大戦後、食糧の増産、引揚者や農家の次男・三男の受入れなどを目的に、国策で全国各地に開拓集落がつくられた。しかし、開拓地には農耕には向かない山間地や荒地が多く含まれていた。昭和43年、開拓の振興は特別行政から一般行政に移行した。令和の世、存続した戦後開拓集落と一般の農山村との区別はつかなくなっている。

　筆者が東由利原で注目したのは、離村から35年経った平成30年秋、田んぼの耕作が継続されていたことである。そこにはどのような想いがあるのだろうか。

東由利原開拓集落のあらまし

秋田県内の戦後開拓集落２７５ヵ所の沿革が、『戦後開拓のあゆみ』に掲載されている。以下、その中の記述を主として東由利原のあらましをまとめる。

＊　＊　＊

東由利原は旧由利町に所在し、広大な由利原高原の東側に位置する。昭和47年頃現在、地区面積２０２・３ha（ヘクタール）のうち、耕地面積は35・４ha（水田６・７ha、畑28・７ha）、乳牛38頭、役肉用牛５頭。南由利原（現在も存続）などとともに、鳥海山麓開拓農協に所属した。

地区は全般的には波状の緩やかな傾斜地で、部分的に急傾斜地もある。土壌は、層の浅い埴土（粘土質を多く含んだ土）で、下層は重粘質の強酸性土壌となっている。交通は、南由利原から東由利原を経て由利町中心部に通じる高原上の開拓道路があるが、冬期は積雪で途絶するので、地区西側の屋敷部落経由の道がよく利用されている。

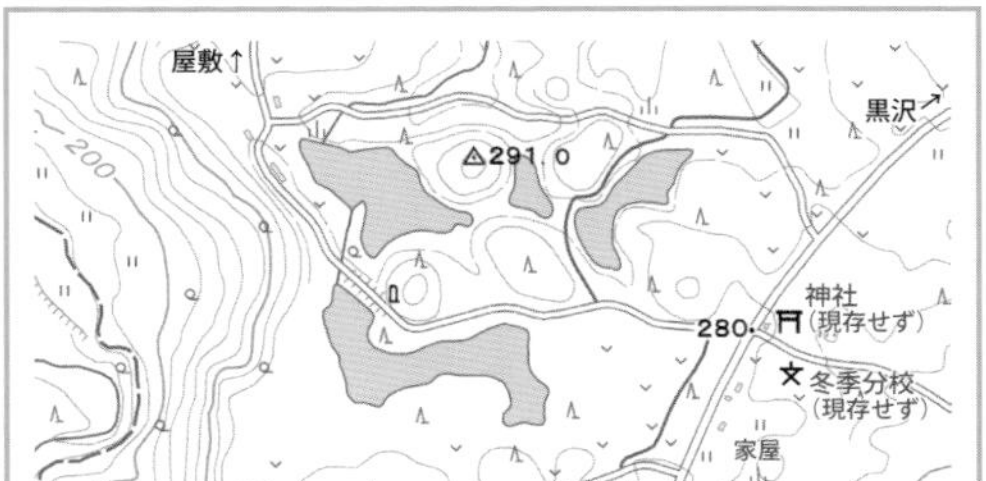

東由利原の地形図（「地理院地図」Webより）

入植時期は比較的新しく、昭和31年、地元二・三男12戸が1戸平均4haの土地配分を受けて入植した。当初は大豆、小豆、馬鈴薯、雑穀財倍により営農を続けたが、社会情勢の変化により、和牛を導入し、逐次酪農に移行した。酪農においては、冬期間の牛乳運搬が難しい課題だった。このため、昭和40年代には水田を開いていった。

昭和47年頃、経営の主体は水田と酪農だが、安定しているとは言えず、冬期間等他の産業に従事すること（いわゆる出稼ぎ）による収入で家計を補っているのが実情となっていた。

『秋田・消えた開拓村の記録』の東由利原

秋田県内の無住化した戦後開拓集落75ヵ所の調査記録が、『秋田・消えた開拓村の記録』（無明舎出版刊）に掲載されている。その中から、佐藤晃之輔先生が、元住民の高橋四郎さんに聞き取りをしたときの記録を、以下転載する。

＊　＊　＊

屋敷集落に移転した高橋四郎さんは、現在も東由利原の田んぼの耕作に通い続けている。平成15年8月、高橋さん宅を訪ねた。高橋さんは、昭和7年に旧由利町町村《まちむら》集落で生まれた。長男ではなかったので北海道に働きに出ていたが、独立のため昭和31年に入植したという。

入植したのは12戸で、すべて旧由利郡内の出身だった。そのうち数人は満州開拓やカラフト（現サハリン）からの引揚者であった。当初は大豆、小豆などの雑穀を栽培していたが、後に全戸が乳牛を2、3頭導入して、酪農と畑作の複合経営を行った。昭和40年代に入り開田を実施し、多い人で1・5ヘクタールほどの水稲を行った。

高橋さんは「東由利原部落簿」（昭和35年7月30日以降）を保存している。入植者名と家族構成、集会の協議記録、役所の文書などが綴られた貴重な記録である。記録簿の36年の欄には電気導入にあたって労力提供の割り振りが記録されている。当時は電気を入れるには地元負担があり、金額だけでなく電柱立てなどの労力の協力もあった。37年には待望の点灯となった。

冬季分校としても使われた公民館と子供達（昭和44年）

40年代に入って離脱が進み、最後まで残ったのは8戸だった。この8戸も酪農の不調や遠隔地の不便さから昭和57年に移転を決め、7戸が本荘や前郷などの市街地に移転した。高橋さんは1年遅れの翌58年屋敷集落に下がった。

秋祭りでお宮さんに集った子供達（昭和42年頃）

「毎年、秋分の日には秋祭りを行ない、部落総出で歓談したものだった。この仲間たちもばらばらになり、今ではほとんどが亡くなってしまった。夢のようです」と高橋さんは追憶に浸る。「健康なので東由利原の田んぼにはまだまだ通い続けたい」と話す高橋さんから強い開拓魂を感じた。

筆者と東由利原との出会い

筆者が初めて東由利原を訪ねたのは、離村から35年目、平成30年（２０１８年）９月17日（月祝）、妻 恵子との秋田の廃村旅でのことだった。前日は旧鳥海町猿倉《さるくら》、当日は湯沢市泥湯《どろゆ》と、温泉をめぐる旅の道中に立ち寄った。

子吉川沿い 旧由利町黒沢から由利原高原に上り、「地理院地図」Ｗｅｂの地形図に鳥居マークがある十字路を目指した。途中、その北側に「東由利原」の地名表記がある十字路があって、その南西側には大きな碑が建っていたので確認すると、それは広域農道関連の記念碑だった。

中心部の十字路に到着し、心当たりの場所を探索したが、神社の存在はわからなかった。十字路の南西側には「団体営農道　東由利原地区」と記された案内板が立っていた。西沢小学校東由利原冬季分校は、へき地等級4級、児童数5名（昭和34）、昭和33年開校、同42年閉校後、子供達は11月から翌年4月まで西沢の寄宿舎に入ったという。分校跡は十字路の南東側にあるはずなのだが、痕跡は見当たらなかった。十字路の南側、広域農道沿いには傷んだ家屋が見当たり、背後には大きな風車が回っていた。

広域農道に並行する自転車道沿いには耕された水田が見つかった。『秋田・消えた開拓村の記録』を読んでいた筆者は、「田んぼの耕作しているのは高橋四郎さんなのだろうか」と思うと、この水田が強く印象に残った。

そして、東由利原の元住民から話をうかがう

令和2年（2020年）1月、高橋四郎さんの消息を佐藤晃之輔先生に尋ねたところ、佐藤先生は屋敷まで出かけ

自転車道沿い、実りの秋を迎えた田んぼ
（平成30年9月）

て佐藤酒店というお店を訪ね、調べてくれた。高橋さんは亡くなられたが、奥さん（高橋ヨシエさん）は健在で、「東由利原のことは本荘市街に住む小林チサさんが詳しい」と教えていただいた。筆者は酒店の方（佐藤初江さん）と小林さんとやり取りをして、東由利原の取材に備えた。

同年2月11日（火祝）、雪が積もるＪＲ羽後本荘駅で下車した筆者はクルマを借りて、小林チサさんと一緒に屋敷に向かった。東由利原の取材は、酒店の隣、佐藤さん一家が営む工務店の事務室で行った。

意外なことに、佐藤初江さん（昭和22年生まれ）も昭和30年代に東由利原に住まれていて、9年前のＧＷに有志が企画して本荘市街 安楽温泉で行われた「東由利原の集い」のことを教えていただいた。会には17名の元住民が参加し、昔のことや近況を語り合ったという。その後、亡くなられた方もいて、「今後、会を開くのは難しいだろう」と話された。佐藤さんからは、ご主人（資郎さん）が自らまとめられた回顧録をちょうだいした。

「東由利原の集い」の集合写真（平成23年4月）

小林チサさん（昭和10年生まれ）からは、往時の写真アルバムを見せていただいた。「酪農の仕事は大変で、女衆は朝から晩まで忙しかったが、男衆は時間があったら集って酒ばかり飲んでいたねぇ」と話された。確かに、アルバムには公民館や祭りなどの行事で集って酒を飲む男衆の姿がある。「開拓地の住宅は由利町（行政）が造ってくれたが、床がなかったので自前で作った」、「写真は、由利町職員の方が広報用などで撮ってくれた」という言葉が印象に残った。子供の頃から踊りが好きで、今も本荘で祭りの教室を開いているという。アルバムには祭りで踊る小林さんの姿がある。小林さん一家は昭和52年に本荘市街に転居したが、その時、土地家屋を本荘市内鮎瀬《あゆせ》在住の方に売り、田んぼはその家の方が耕されているとのこと。「今も田んぼが耕されていることは嬉しい」と小林さんは話された。

公民館で踊りの練習をする小林チサさん（昭和40年頃）

高橋ヨシエさん（昭和8年生まれ）は無口な方で、ご挨拶をする程度だったが、小林さんと一緒にアルバムを嬉しそうな表情で見る姿が印象に残った。アルバムには東由利原で過ご

小林さんの開拓農家、すぐそばに乳牛がいる（昭和39年頃）

小林チサさんとお子さん

す高橋四郎さんとヨシエさんが写った写真があって、小林さんはこの写真を高橋さんに差し上げた。

取材が佐藤さん、小林さん、高橋さんが集い、東由利原を語る機会となり、筆者は嬉しく思った。

令和4年8月7日（日）、再び訪ねた東由利原の田んぼは、休耕田になっていた。坂を下って屋敷の佐藤商店を訪ねたところ、佐藤さんは元気だったが、高橋さんは亡くなられ、小林さんは衰えが進んでしまったとうかがった。

＊　＊　＊

戦後開拓集落での暮らしは豊かではなく、苦労も多かったはずだが、話をうかがい写真を見ると、東由利原の人達が力をあわせて懸命に生きていたことが感じられた。そこには生活に根差した心の豊かさ、しなやかさがあったように思えた。

後日、小林さんとの電話では、「当初、冬場は屋敷まで20キロ缶を背負って牛乳を運んだが、パイプラインが通ってその仕事がなくなった」、「このため、冬場は屋敷の女衆と一緒に由利町中心部へ出稼ぎに行くことになったが、皆で話をして笑いながら過ごした」、「共同生活ではたいへんなこともあったが、一つひとつの経験がその後の暮らしの糧になっている」という言葉が印象に残った。

令和の世においても「何が心の豊かさ、しなやかさなのか」がわかれば、「いいとこどり」ができるのではないだろうか。

何かしら打ち込めることを見つけることができれば、一生懸命に取り組み、成果をあげることができるはずだ。取り組んでいると、さまざまな苦労や思うようにならない場面に出会うことだろうが、苦労の先に成果や喜びがあることは、今も昔も変わらない。

【令和2年2月11日（火祝）取材】

佐藤初江さん、高橋ヨシエさん、小林チサさん。屋敷にて

05

子供も大人も育んだ冬季分校

山形 小倉《こぐら》

山形県西置賜郡《にしおきたまぐん》小国《おぐに》町小倉
戸　数　９戸（昭和46）
移転年　平成４年（１９９２年）
個別移転【農山村】

小倉は日本海に注ぐ荒川水系、大滝川上流部にあった農山村で、冬季分校跡の標高は３０１ｍ、ＪＲ小国駅から７・５㎞（クルマで15分）である。

秋田県、山形県、新潟県を中心として、かつて積雪期（主に12月から3月まで）に通学が困難になる地域においては、数多くの冬季分校が開校していた。「分校が集落にやってくる」という子供たちにやさしいシステムで、先生は地域の若い農家の方が担うことが多かった。

平成の大合併（平成17年頃）を経て、地方の本校レベルの統廃合が急速に進んだ。もはや、冬季分校が開校していた頃の記憶は遠いものになった感がある。冬季分校にはどんな日常があったのだろうか、小倉を例にして振り返ってみたい。

小倉集落・小国町のあらまし／山形県の冬季分校について

小国町は山形県内陸部で唯一最上《もがみ》川水系以外の自治体で、新潟県北部とのつながりが強い。山間に小さな集落が点在する、全国有数の豪雪地帯として知られる。『角川日本地名大辞典 山形県』の地誌編 小国町小倉には、「林業を主とした生業を営む。ゼンマイ、ワラビ、アケビ、山ブドウ、ウルイ、キノコ類など果樹、山菜が豊富に採取できる」とある。

『へき地学校名簿』によると、昭和34年現在、小国町（昭和35年に編入した旧津川村を含む）には小倉をはじめ16の冬季分校があった。しかし、高度経済成長期、産業構造の変化とともに山間集落の人口は顕著に減少した。道路環境の整備が進んだ昭和49年には、冬季分校の数は8校に減少していた。

昭和42年（1967年）8月の羽越水害は、小国町に甚大な被害を与え、県境に近い越戸《こえと》集落は集団離村した。この水害を契機に、町は集落再編成事業に積極的に取り組

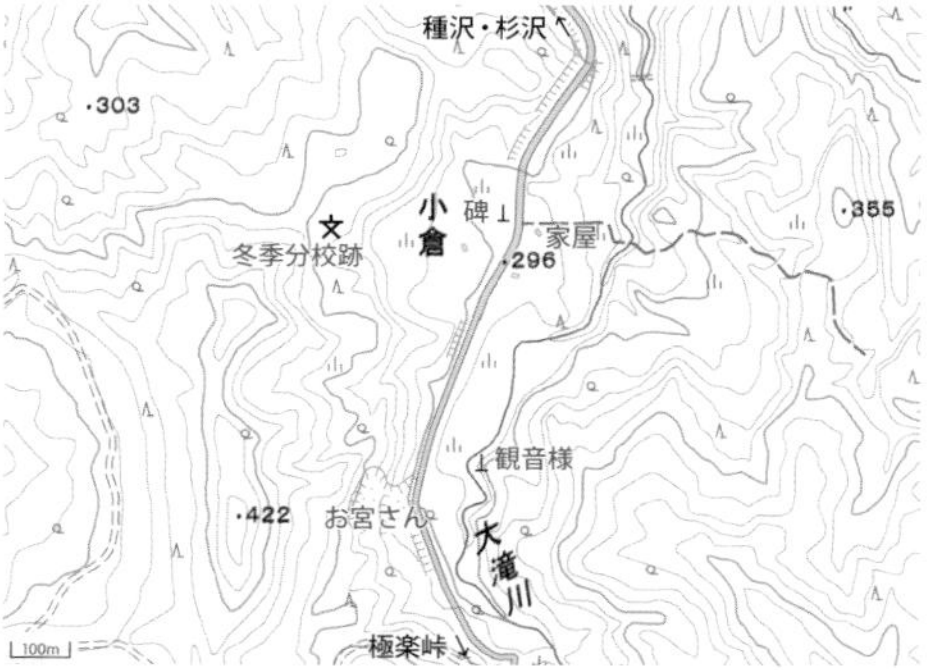

小倉の地形図（「地理院地図」Webより）

み、昭和45年には綱木《つなぎ》、西滝《にしたき》、東滝《ひがしたき》が集団移転した。そして、昭和52年から小倉冬季分校は開かれなくなり、平成4年、最後の家が転出し、小倉はその歴史に幕を閉ざした。

昭和34年には120校（小学校100校、中学校20校）開校していた山形県の冬季分校、平成になってからも数校存続したが、平成18年3月 最上町野頭《のがしら》冬季分校が、平成19年3月 新庄市二枚橋《にまいばし》冬季分校が最後の児童を送り出し、その役割を終えた。

筆者は冬季分校の姿をこの目で見たくて、平成16年1月、野頭冬季分校と二枚橋冬季分校を訪ねる旅をした。ともに先生1人と児童2人の小さな教室だったが、子供たちの声は賑やかで、持参した沖縄三線を含めて4人で合奏した「こいぬのマーチ」は、強く記憶に残っている。

先生と児童が語る小倉冬季分校

小国町の広報誌『広報おぐに』の令和3年3月号には「地域の学び舎、冬季分校 小倉」という記事が載っている。この記事を、以下転載する。

＊　＊　＊

横川の支流、大滝川の上流に極楽山と呼ばれる山があります。かつて、その山間の斜面に、9戸ほどからなる小倉集落がひらかれていました。そこの児童たちは、約4・5㎞離れた種沢《たねざわ》集落にあった小国小学校種沢分校まで通っていました。しかし、冬場の通学は非常に困難だったため、この小倉にも冬季分校が開設されていました。

集落の一番高台にあったという1階建ての小さな校舎。まだ町内ではテレビがほとんど普及していなかった昭和36（1961）年度の冬、集落の人たちがお金を出し合い、そこに1台のテレビを贈りました。それは、「友だちともわかれ苦しい半年を過す子供たちのさびしさを、なんとか明るく楽しく過させたい」という地域のかたがたの想いが実ったものだったと、当時の『広報おぐに』(昭和37年2月15日発行) で報じられています。

小倉冬季分校の児童たち（昭和41年度冬）
写真左端が小嶋先生、その右隣が木村陽子さん

木村陽子さん（杉沢《すぎさわ》）は、そのような、地域の愛情あふれる学び舎で育った一人です。ただし、「とにかく楽しかった」と言うように、木村さんにとって冬季分校生活は決して「苦しい」ものでも、「さびしい」ものでもなかったそうです。

「やっぱり冬だから雪で遊ぶのはもちろんだけど、一番想い出に残っているのは、先生に本を読んでもらったことですね。小国小学校から種沢分校経由で分けてもらった絵本とか童話とかがあって、それを先生が読み聞かせしてくれたの。テレビもあったんだけど、教育放送なんてまだなくて、授業で見るなんて全然なかった。やっぱり読み聞かせがすごく覚えてるし、一番それがよかったな。今の自分のルーツは、そこかなって思うぐらい。」そう木村さんは話します。

しんしんと雪が降り積もるなか、暖かな石炭ストーブを囲み、先生が読んでくれる物語に木村さんたち児童は胸を躍らせていました。

そのときの先生は足野水《あしのみず》の小嶋建男《たけお》さん（昭和19年生まれ）。お父さんが小倉出身ということもあり、小国小学校の校長をしていた従兄弟から冬季分校教員の声がかかったそうです。小嶋さんが小倉冬季分校で教員を勤めたのは、ちょうど木村さんが小学1年生から6年生までの六冬でした。平日は学校の教員部屋で寝泊まりし、週末、峠を越え百子沢《ひゃっこざわ》、足中《あしなか》（足水中里）を通り足野水にある実家へ帰るという生活でした。あまりにも吹雪がひどいときや雪が深いときは、小国駅から汽車に乗り、玉川口駅へ行き、そこからまた足野水まで歩いて帰っていたそうです。

しかし、そのような峠越えしないルートでもその道中、猛吹雪に見舞われ大変なことがありました。「あるとき、実家から小倉へ戻る途中で、夕方、大滝の集落を外れたらすごい吹雪。もう前にも行けない、戻るにも戻れない。踏み跡はすぐ風で消えてしまうっていう状態でな。すぐわきに小っちゃこい杉林があったから、そこへ避難したんだけど、もう、どうしようもなくて。いや、これで自分は終わりかと思った。そしたら、何の連絡もしてないのに、小倉のじいちゃんたち3、4人で峠越えて迎えにきてくれたんだ。それで助けられた。」と、小嶋さんは話します。

小倉冬季分校の校舎（昭和30年代）

　小倉でも、地域のかたがたは、小嶋さんのような若い教員を温かく受け入れ、冬季分校をみんなで守っていました。

「冬季分校の想い出は、それはもう、たくさんある。本当に小倉の母ちゃんたちに厄介になったな。漬け物とか煮物とかしょっちゅう届けてくれて。ほとんど自分で作らなくてもいいくらいなもんだった。それに分校までの道つけ。屋根とか周りの雪掘り。お父さんたちは全員出稼ぎに出てたから、お母さんたちがそれらもみなしてくれたんだ。

あと、近くに俳句をやるおじいさんもいて、その人には俳句を教わった。あっこれいいな、と思ったのができたら持って行って。風呂もらいに行ったときなんかも、(風呂を)上がってからしばらく、二人で俳句の話をしてたな。」懐かしそうに小嶋さんは教えてくれます。

そんな小倉冬季分校で最後の閉校式がおこなわれたのは昭和52(1977)年3月22日のことです。その後、児童がいなかったため開設されず、昭和58年に廃校となりました。集落でも1軒、また1軒と町へ下りていき、昭和61年頃(※筆者注、より正確には平成4年)、最後の家が町外へ転出し、小倉集落の歴史に幕が下りました。今でも集落跡地によく行くという木村さん。「うちの田んぼ、学校(跡)のすぐ下にあって、すごくいいワラビが出るんですよ。ついでに学校跡も私が手入れしてるんだけど、玄関の台のコンクリートとか四隅の土台とか今も残ってるの。それ見ると懐かしいのと同時に、ああ、こんなに小さかったんだなってびっくりしちゃう。今、振り返ってみても良い学校だったなって思いますね。」

外界と雪で隔てられたなか、本や先生を通して、まだ見ぬ広い世界に思いをめぐらせ、夢をかき立ててくれる。子どもたちにとって冬季分校は、そのような「大きく」て、かけがえのない学びの場だったのです。

筆者と小倉との出会い

筆者が初めて小倉を訪ねたのは、令和2年（2020年）10月3日（土）、妻との山形・小国の旅でのことだった。宿泊地は飯豊山《いいでさん》の麓、小玉川の梅花皮《かいらぎ》荘。天気はおおむね曇りだが、雨の心配はなさそうだ。この日の目標は、小国町南部の廃村5ヵ所。最初に訪ねる小倉までは市街を通らない県道15号を使ったが、峰越えの道は少々頼りなかった。

大滝の三差路、小倉へ向かう道には、思いがけず土砂崩れによる全面通行止の案内板があった。三差路から小倉までは2㎞ほど。「歩いていこうかな」とも思ったが、気が進まない。通行止箇所の脇に「この先小倉共用林野　入林には入林許可証が必要です」という案内板があって、杉沢という連絡先が記されていた。調べたところ杉沢は3㎞ほど小国寄りなので、まずここを訪ねて、事情を尋ねることにした。

連絡先の方（木村陽子さん、昭和31年生まれ）は朗ら

通行止箇所の脇、案内板が地域の方との縁をつないだ
（令和元年10月）

かな方で、「学校跡がある廃村を訪ねています」と話したら、「県道の施錠は県がしているので、集落の関係者もクルマでは行けないが、道の崩落箇所は小倉の先なので歩いたら行くことができる」、「県道沿いに記念碑が建っている」と、様子を教えてくれた。あわせて「私もこのところ行っていないから、行けたらどんな様子だったか教えてね」という声をいただいた。

大滝の三差路に戻って、クルマを停めて歩く小倉への道のりは、広い道幅の舗装された県道ということで、妻と二人歩くにはちょうどよい。熊鈴も快く鳴る感じがする。歩き始めて30分で古びた作業小屋が見えてきて、その対面には「小倉を偲ぶ」と刻まれた記念碑（平成14年建立）が建っていた。記念碑には9戸の屋号が刻まれていた。

小国小学校種沢分校小倉冬季分校は、へき地等級3級、児童数8名（昭和34）、大正12年開校、

歩いて目指した小倉に残る作業小屋が見えてきた

昭和52年閉校。探索の後、杉沢に戻ると、木村さんは往時の分校の写真を用意してくれていた。離村は地すべりに起因するとのこと。「今も偲べるように、分校跡は手入れしている」という話をうかがい、「次回は木村さんに事前に連絡して、山菜の頃に出かけたい」と思った。

山菜の頃、木村さん達と小倉を再訪する

令和4年（2022年）5月22日（日）、1シーズン先の山菜の頃、小倉を訪ねる機会がやってきた。当日は小倉冬季分校最後の卒業生佐藤春巳《はるみ》さん（昭和39年生まれ）、先の『広報おぐに』の「地域の学び舎、冬季分校」の記事を執筆した小国町教育委員会の蛯原《えびはら》一平さんとともに、4名で現地を探索した。

冬季分校跡を皮切りに、家屋の跡地、記念碑、川向うの観音様、一軒だけ離れて建っていた極楽の家屋跡、車道に沿ったお宮さんの跡などをめぐりながら、いろいろ

集落跡に「小倉を偲ぶ」と刻まれた記念碑が建つ

な話をうかがった。

・徒歩交通の時代（昭和30年代まで）は足水—白子沢《しらこざわ》間の中継地だったから、薬売りから瞽女《ごぜ》の方（芸を生業として旅する盲目の女性）、ビル取りのおばさん（解毒用の山ビルを買い求める方）まで、いろんな人たちが小倉を訪ねてきた。私の家（屋号　太郎兵衛）は集落の中でも大きかったから、客人が泊まることもあった。寝ているときに足についたヒルを取られたこともあった。

・村には神社と観音様があって、元旦にかけては村中でお参りした。観音様の神様は馬頭観音で、道筋の農業集落からも大切にされていて、明治の頃、祭りのときには露店が並ぶほど人が集ったと言われている。

・戦中から戦後直後にかけては炭焼きや蚕が生業になったが、昭和30年代に入り、電灯が灯り、大滝からの車道が開通した頃には、冬場、父親が出稼ぎで留守となる家が多くなった。

冬季分校跡に玄関のコンクリが残る（令和4年5月）

・昭和35年頃から、町は農業集落にキノコ栽培を奨励した。祖父はナメコを栽培し、缶詰をつくって商品にしたが、心ない人たちの盗難の被害もあって、長く続けることはなかった。

・冬季分校が開かれる積雪の頃（11月～翌年3月）は、通学に時間がかからなかったから、楽でよかった。

・小学6年生のとき、種沢分校まで通うのを「みんなで一日サボっちゃおう」ということになり、冬季分校の校舎で隠れて過ごして、「ただいま～」と帰ったら、母から「どこへ行ってたの！」とすごい剣幕で叱られた（陽子さん）

・種沢分校が廃校になった年（昭和49年）からは、冬季以外は大滝始発のスクールバスで本校（小国小学校）に通うようになった。小倉のそばの山まで本校から遠足したときは、「こんな山奥に住んでいるんだ」とからかわれたが、本校へ帰る分は免除されたものだった。

・離村後は地すべり対策の設備ができたため、湧き水が湧かなくなり、いまはもう田んぼは作れない。

神社跡は、車道沿い、気づきにくい場所にある

・夏になると草が茂り、気軽に歩きまわることはできなくなる。離村から30年経ち、スギは大きく育ち、集落跡は自然に還った感じがしている（春巳さん）。

＊　＊　＊

瞽女やビル取りのおばさんというと隔世の感じがするが、昭和30年代には実在していたのだ。米坂《よねさか》線が全通したのは昭和11年だが、徒歩交通から鉄道、クルマへのシフトと、ゆるやかに進んでいったのだろう。

昭和40年代、クルマが山里にも入ってきて、便利になったというよりは、これまで脈々と築かれてきた秩序が乱されるという側面が大きかったように思えた。

『広報おぐに』では「地域の学び舎、冬季分校」というシリーズでこの小倉を含む町内11ヵ所の冬季分校を紹介している。それらのなかには、先生や地域の方など、冬季分校に関わる大人の声が度々登場する。先生は、山里の子供たちのたくましさ、機転の良さなどを日々の暮らしの糧とし、集落の

川向こうの岩陰に観音様が奉られていた

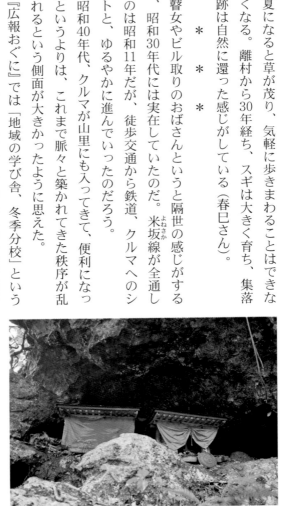

大人たちは雪漕ぎ、雪下ろし、料理などで先生、子供たちを支えた。おじいさん、おばあさんは、冬季分校が開かれて子供たちの元気な声が身近なものになることを楽しみにしていたという。

いつの世も、知らないことには興味と不安がセットでやってくる。冬季分校とはまるで関わりがなかった筆者がその教室まで足を運んだのは、「どんな雰囲気なんだろう」と確かめたかったからだった。最上、新庄、小国が全部山形県というのも、何かの縁なのだろう。

山里に賑やかな冬季分校があったこと、それは昔話ではなく、人のつながりが嬉しく感じることが多い昨今、目指すべき未来の話のようにも思えてくる。

今度、小国町、小倉へ行く機会があったら、時期は3月にして、木村さんたちとともに「晴れた寒い日の朝ならば、いつもなら行けないところまで歩いていけるようになる」という凍み雪わたりを体験してみたい。

【令和4年5月22日（日）取材】

佐藤春巳さんと木村陽子さん。小倉の観音様の前で

私家版写真集から伝わった想い

06
群馬
石津鉱山《いしづこうざん》

群馬県吾妻《あづま》郡嬬恋《つまごい》村今井石津鉱業所
戸　数　158戸（昭和32）
移転年　昭和46年（1971年）
鉱山閉山のため移転【鉱山集落】

石津鉱山は利根川水系赤川源流域の高原上にあり、学校跡の標高は１４６５ｍ、ＪＲ万座・鹿沢口駅から14㎞（クルマで30分）。標高１４００ｍ超の廃村は、ほとんど類がない。

草津温泉の近くには、大正の頃から高度成長経済期まで複数の硫黄鉱山が稼動していた。硫黄は火薬、農薬、ゴムの製造など、広い用途をもつ資源だが、石油精製の際に生じる安価な回収硫黄の流通が進むことによって、昭和46年に国内の硫黄鉱山はほぼすべて閉山となった。

令和元年秋、筆者は石津鉱山の元住民の方との飲み会で、『心のふるさと　石津鉱山』という私家版写真集をいただいた。写真集には人々の姿とともに校舎や神社が写っていて、筆者もなつかしく思った。この写真集から元住民達に伝わった想いを掘り下げたい。

石津鉱山のあらまし

やり取りの中で小巖さんからお借りした労働組合発行の冊子 写真と記録『思い出の鉱山 石津』には、石津鉱山に関する多くのの記録が載っている。ここでは、あらましを時系列でまとめる。

［戦前］

昭和７年（１９３２年）７月　北海道硫黄が石津にあった硫黄鉱区を買収、小串鉱業所石津坑が発足した。北海道硫黄株式会社は大正９年創業の三井系列の鉱山会社で、北硫小串鉱業所は昭和４年に発足している。

昭和11年12月　はじめて精硫黄を生産し、索道で今井（草軽電鉄万座温泉口駅）へ運んだ。

昭和16年11月　月産３００トンペースに乗り、石津鉱業所として独立。

昭和19年５月　国による硫黄鉱業整備令によって再び小串鉱業所の支山となり、年産３００トンに減産。

石津鉱山の地形図（「地理院地図」Webより）

『心のふるさと石津鉱山』より、祭礼時の山神社（昭和35年）

［戦後］

昭和22年9月　再び石津鉱業所として独立。二基の精練窯を稼働。東小学校石津分校開校。

昭和23年4月　東中学校石津分校開校。

昭和24年10月　精練窯を六基に増設。月産４００トンを達成。従業員数は２４５名。

昭和25年6月　朝鮮戦争の勃発によって特需が起こり、硫黄の需要が急増する。

昭和27年10月　公衆電話が開通。分校の新校舎が落成する。

昭和29年2月　分校は石津小中学校となる。

昭和30年　従業員数３００名を超える。この頃、石津鉱山は最盛期を迎える。

昭和34年7月　村道石津鉱山線開通。硫黄の輸送は索道からトラックに切り替わる。

同年11月　従来の旧分校校舎に代わる福利厚生施設　石津倶楽部落成。

石津小中学校の木造校舎（昭和43年）。朝礼台は平成18年には残っていた

昭和37年5月　一日四往復の自家用バス運行開始。

同年6月　重油による精練開始。この頃から、徐々に回収硫黄の生産量が増え始める。全国で稼働する硫黄鉱山の数は19鉱山。月産（総生産量）2万1千トン。うち石津鉱山は月産（平均）6千トンだった。

昭和39年6月　長期的な安定に向けて、米無《こめなし》鉱床に替わる新たな鉱床（城山《じょうやま》鉱床）の開発に着手。起工式には三井物産の相談役も列席した。

昭和40年8月　鉱山事務所の一角に石津鉱山簡易郵便局が開設される。同時期、吾妻鉱山にも開設されたが、小串鉱山には開設されなかった。

昭和41年6月　城山鉱床で出鉱開始。

昭和42年8月　公害防止基本法が制定され、回収硫黄の増産が進む（同年度、回収硫黄の年間生産量は6万4千トン）。

閉山直後の福利厚生施設 石津倶楽部（昭和46年）

昭和43年6月　購買所に代わるスーパーマーケット開業。

同年11月　米無鉱床が採掘終了。石津鉱山の規模は徐々に縮小（同年度、回収硫黄の年間生産量は10万トンに急増）。

昭和44年12月　日本最大の硫黄鉱山 松尾鉱山が閉山。日本の硫黄鉱山は終焉期を迎える（同年度、回収硫黄の年間生産量は18万トン）。

昭和45年9月　先に閉山した万座硫黄 草津精錬所の湿式精練を利用し、生産効率の向上を図る（同年度、回収硫黄の年間生産量は28万トン）。

昭和46年（１９７１年）3月　石津小中学校、児童生徒数の減少により閉校。スクールバスの運行開始。

同年４月末日　北硫が石津鉱山の閉山を通告。回収硫黄の増産に対抗する術はなく、同年6月末日、石津鉱山は小串鉱山とともに閉山。北海道硫黄も2年後（昭和48年11月）に解散している。

筆者と石津鉱山との出会い

初めての石津鉱山には、平成18年（２００６年）４月30日（日）、東隣の白根鉱山、西隣の吾妻鉱山とともに単独オフロードバイクに乗って出かけた。標高１４００ｍを超える高原は肌寒く、まだ雪が残っていた。

鉱山集落跡地、舗装道の終点付近には大東文化大学嬬恋セミナーハウスが建っているが、誰かがいる様子はなかった。セミナーハウスの対面には学校跡がある。石津小学校は、へき地等級３級、児童数１１９名（昭和34）、昭和22年開校、昭和46年閉校。校舎はすでに取り壊されていたが、校庭を歩くと、校舎玄関へと続いていたコンクリートの階段と朝礼台が見つけることができた。

鉱山の施設を目指して山道を登っていくと、やがて高さ６ｍほどの錆びた電気関係らしき鉄塔が見つかった。後に、この鉄塔は変電所関係のものとわかった。

校庭から校舎玄関へ続いていた階段（平成18年4月）

鉄塔から道を挟んで反対側には、古びた大きた建物が建っていた。セミナーハウス付属の施設のようだが使われているかどうかは微妙だった。後の調べで、この建物はかつて映画館などが入っていた福利厚生施設「石津倶楽部」だったことがわかった。

旧石津倶楽部の建物と変電所跡の鉄塔が建っていた

笹藪のため、山神社の社殿には近づけなかった

その先には進まず、セミナーハウスまで戻ってから道なき道を慎重に上ると、何とか山神社の社殿にたどり着くことができた。しかし、笹藪に阻まれて近づくことはできなかった。探索は1時間半ほど行ったが、誰かに会うことはなかった。

＊　＊　＊

『心のふるさと　石津鉱山』掲載の住民が集った山神社の画像と、閉山から35年後の筆者が撮った画像を見比べると、同じ社殿とは思えないほど大きさの違いが感じられる。石津倶楽部の画像もしかりだ。人の営みは空間を大きくする働きがあるのだろうか。

この本を作成するにあたり、鉱山閉山後に進出した大東文化大学の施設について調べたところ、往時を知る大学職員の方の力添えをいただき、そのあらましがわかった。

大東文化大学嬬恋セミナーハウスは、石津鉱山集落跡の国有地を借り受け、昭和50年、厚生施設として本館などを竣工。嬬恋村から旧校舎、石津鉱業所から旧石津倶楽部を譲り受けた。最盛期は年間約1万8千人が利用したが、交通の便が悪いこと、冬季の利用が難しいことなどから年々利用者は減少していった。

平成19年秋、嬬恋セミナーハウスはその役目を終え、間もなく原状復帰のため施設を取り壊した。旧石津倶楽部、山神社の社殿もこの頃取り壊されたと思われる。

元住民、小巖俊雄さんと出会う

訪問してから10年経った平成28年（2016年）5月、筆者は石津鉱山の元住民　小巖《こいわ》俊雄さん（東京都足立区在住）から先駆的なSNSと言えるｍｉｘｉでメールをいただいた。

当時、筆者はｍｉｘｉで「廃村コミュニティ」という交流ができる場の管理者をしていた。ネットを介した第三者とのやり取りは平成元年、兵庫県尼崎市の草の根ＢＢＳから始まり、その後ニフティーサーブへと続いた。平成28年頃はすでにフェイスブック、ツイッター（現Ｘ《エックス》）をよく使うＳＮＳとしていたが、ｍｉｘｉは今も使い続けている。

メールのやり取りを始めてから3年半経った令和元年11月、小巖さんから「石津鉱山時代の写真集ができたので、ご覧になりませんか」というメールをいただき、そのタイミングで都内荒川区南千住の居酒屋で飲み会をすることになった。小巖さんからは私家版の写真集『心のふるさと　石津鉱山』をいただき、筆者は石津鉱山の記事を載せた『廃村と過疎の風景９』を進呈した。関東地方の廃村は数が少なく、さらにその多くは資料が乏しい。写真集とお酒を片手に楽しんだ小巖さんとのひとときは、とても貴重なものとなった。

『心のふるさと　石津鉱山』の表紙には校舎が使われている

初訪から17年後、石津鉱山を再訪する

『住まなくなっても守りたい』の企画が立ち上がったのは令和元年（2019年）の春頃。小巖さんは東京在住で、メールのやり取りは続いていたので、お会いして改めて話をうかがうことは早い時期にできるはずだった。しかし、コロナ禍がそれを阻み、さらに小巖さんが令和4年、眼の病気と脳神経の病気を患い出歩くことが難しくなったため、石津鉱山の取材は18集落中最後となった。

令和5年（2023年）5月12日（火）、筆者は在来線の電車を乗り継いで、渋川駅でクルマを借りて、17年ぶりに石津鉱山へと向かった。可能であれば小巖さんと一緒に訪ねて、往時のことをうかがいたかったところだ。

八ツ場《やんば》ダムに立ち寄った後、草津町のほうからつまごいパノラマラインを経て石津鉱山集落跡に到着したのは正午頃。舗装道は忽然と途切れており、到着した実感が全く湧かない。誰もいない車道終点にクルマを停めて、歩いて坂を下っていくと、碑文のはめ込みがあったような大きな火山岩が見当たった。「校舎玄関に続いていた階段はあるはずだ」と考えて、ここから校庭らしき平地へと入った。植林された針葉樹と背の高い枯れ草の藪を行きながら慎重に平地を歩くと、何とかコンクリ階段は見つかったが、朝礼台は見つからなかった。

舗装道の先、本白根山登山道（林道）を上っていくと、やがて特徴があるカーブに差しかかった。そこに変電所跡の鉄塔が見えたとき、筆者はとても嬉しく思った。帰り道、池のそばで試みた神社跡探しは、まるで力が入らなかった。

何とか見つけた学校跡の階段（令和5年5月）

変電所跡の鉄塔は、変わらず建っていた

そして4年ぶりに、小巖俊雄さんと再会する

猛暑の令和5年（2023年）7月23日（日）、筆者は4年ぶりに小巖さんと再会した。再会前日に三たび訪ねた真夏の石津鉱山は、軽井沢でクルマを借りて向かった。林道の先、木々に埋もれた鉄塔を見て「春に訪ねておいてよかった」と思った。

取材は足立区内のファミレスで行った。小巖さんは昭和26年石津鉱山生まれ。一時期の東京暮らしを経て高校まで石津鉱山で過ごした、高校卒業後は事務の仕事に就いて以来、東京で暮らしている。小巖さんは少々歩きにくそうだったが、2時間半ほどの間、たくさんの話をした。お父さんは屋根の葺き替えの仕事をしていて、「鉱山住宅のトタン屋根にコールタールを塗っていた」と話された。スマホを通じて拝見した往時の写真の中には北海道硫黄の立て標識前に小巖さんを含む子供が3人写ったものがあり、それを笑顔で紹介してくれたのが印象に残った。

＊　＊　＊

写真集の制作を通じて、小巖さんの手元には石津鉱山出身者から多くの写真が集まり、石津鉱山のことを筆者に伝えるにあたって写真集は大きな役割を果たした。

取材を終えて筆者は、「『心のふるさと　石津鉱山』を国会図書館に納本したい」と思った。

【令和5年7月23日（日）取材】

小巖俊雄さんのスマホには、たくさんの石津鉱山の写真が入っている

Column 1　廃村調査26年

筆者が「廃村について事前に調べ、現地を探索し、事後にまとめる」という調査の形は、平成11年10月、『秋田・消えた村の記録』の著者 佐藤晃之輔先生と出会ったことによりできあがった。これを起点とすると、この本の発行時（令和6年2月）、「廃村調査」は26年目になる。

いま振り返ると、「人の縁の大切さ」がいちばんに感じられる。大阪生まれ、東京勤務、埼玉在住の筆者が、秋田県の出版社から本を出版することになったのも、きっかけは平成27年秋（9～11月）に林直樹さんとともに実施した秋田・廃村研究調査（全12日）における集落の概要を、佐藤先生が「面白いから本にしてみたらどうか」と案を出してくれたことだった。

廃村調査26年を振り返りながら、多くの縁が重なった秋田県の2つの廃村を紹介したい。

大館市合津《かっつ》

合津（昭和52年離村）は米代《よねしろ》川水系、大館駅から17㎞の山間にある。平成11年（1999年）10月12日（火）、浦和からオフロードバイクに乗って初めて秋田の廃村（計8ヵ所）をめぐったとき、その一つに合津を選んだのは『秋田・消えた村の記録』に「冬季分校の校舎が残る」と記されていたからだった。離村から22年目のことだったが、普通に家屋や田んぼがあって、農作業をされている方に所在を尋ねてたどり着いた校舎は、その小ささに驚いたものだった。

冬季分校ということで、積雪期の様子を見てみたくなり、平成14年（２００２年）２月10日（日）にカンジキ履きで歩いて再訪したときは、雪中に凛と建つ校舎に力強さを感じたものだった。

佐藤慶一郎さん（昭和９年合津生まれ）は、昭和32年から５年間、農業のかたわら合津冬季分校で教師を勤め、その後教職の道を歩まれた。平成23年（２０１１年）、佐藤晃之輔先生に紹介していただいたのをきっかけに、佐藤さんとの手紙のやり取りが始まった。同年11月３日（木祝）、大館市十二所《じゅうにしょ》の佐藤さん宅に合津の取材で足を運んだときは、「馬は家族の一員として大切に育てた」など、往時の様子を話していただいた。手紙のやり取りには、「字大西」（合津の住所）を使ったものだった。妻のキミエさん（昭和８年別所生まれ）は丁寧な方で、「また機会があったらお立ち寄りください」と見送ってくれた。取材の内容は、『廃村と過疎の風景６』と『廃村をゆく２』に載せることで結実した。

平成27年（２０１５年）11月３日（火祝）、研究調査で訪ねた合津では、大破した校舎を見て、寂しさを感じたものだった。佐藤慶一郎さんの訃報は、翌平成28年、キミエさんから受け取った。

令和４年（２０２２年）８月６日（土）、６度目の訪問時、合津に田んぼは見当たらず、冬季分校跡にはガレキが残るのみだった。十二所を訪ねて、キミヱさんも亡くなられたことを知った。その中で、川に架かる合津橋は変わらぬ姿を保っていた。昭和37年竣工と思われる橋の標板には「扇田《おうぎた》営林署」とあった。

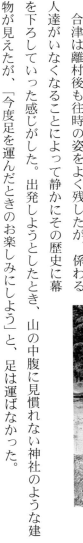

合津は離村後も往時の姿をよく残したが、係わる人達がいなくなることによって静かにその歴史に幕を下ろしていった感じがした。出発しようとしたとき、山の中腹に見慣れない神社のような建物が見えたが、「今度足を運んだときのお楽しみにしよう」と、足は運ばなかった。

橋の標板に合津の名が残る
（令和4年8月）

美郷町（旧六郷町）湯田《ゆだ》

湯田（昭和50年離村）は雄物《おもの》川水系、六郷市街から９㎞の山間にある。集落跡の大部分がダム湖に沈んでいることもあって、訪ねる機会は長くめぐってこなかった。

平成27年（２０１５年）９月23日（水祝）、研究調査で初めて訪ねた湯田では、林直樹さんとともにダム湖畔から汗をかきながら稜線まで上ると、しっかりと建つ三吉《みよし》神社の社殿に迎えられた。

戸澤《とざわ》辰男さん（昭和14年湯田生まれ）は、湯田では炭焼きの仕事を手伝い、六郷への移転後は造り酒屋で勤めた。平成28年、『秋田・消えた村の記録』の情報をきっかけに手紙でのやり取りが始まった戸澤さんは、同年11月「息子が埼玉に住んでいるから」と浦和まで来てくれた。平成29年（２０１７年）２月11日（土祝）、湯田の取材で六郷をうかがったとき、戸澤さんは多くの資料を用意してくれた。往時の炭焼き道の復元が有志の間で行われており、戸澤さんも「協力している」と話された。取材の内容は『日本廃村百選』に載せることで結実した。

湯田には令和元年（２０１９年）９月16日（月祝）、妻、戸澤さんなど４名で再訪し、稜線上の三吉神社にも再び足を運んだ。『日本廃村百選』の表紙には、三吉神社の画像と手を合わせる戸澤さんと筆者のイラストを載せた。

三吉神社と戸澤辰男さん
（令和元年9月）

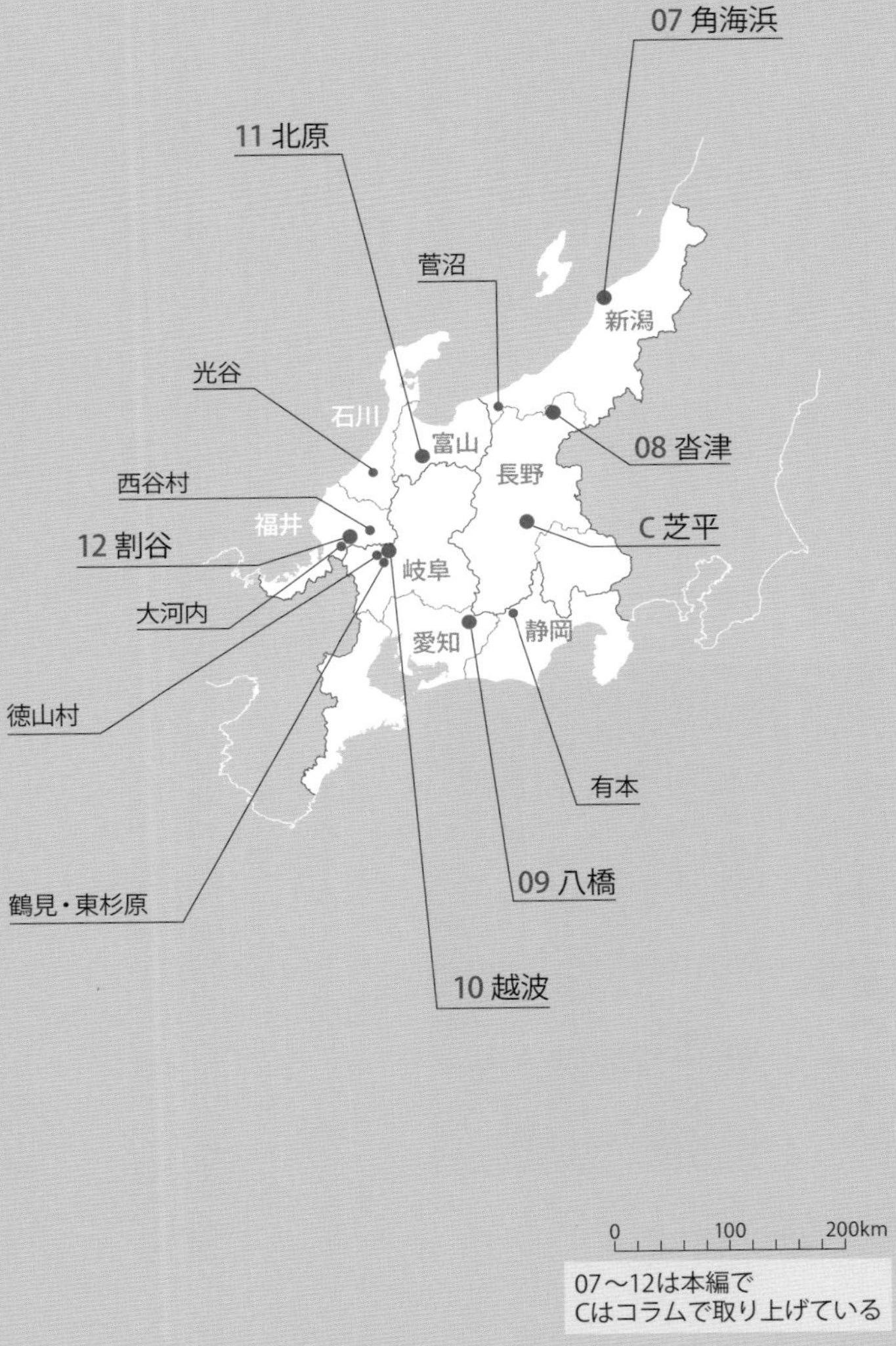
07 角海浜
11 北原
菅沼
新潟
光谷
石川
富山
08 沓津
長野
西谷村
福井
C 芝平
12 割谷
岐阜
大河内
愛知
静岡
徳山村
有本
09 八橋
鶴見・東杉原
10 越波
0
100
200km
07〜12は本編で
Cはコラムで取り上げている

廃村聞き取り 中部地方

甲信越・東海・北陸

東海（岐阜）、北陸（福井）は大阪の実家から訪ねやすかったこともあり、昭和の頃に初めて訪問した廃村が多くある。岐阜の徳山村、福井の西谷村は訪問回数が多い。

甲信越（新潟）の角海浜は昭和56年、筆者が初めて訪ねた廃村で、その39年後に往時をよく知る斉藤文夫さんに取材できたのは感慨深かった。長野の沓津は訪問回数がいちばん多い。

初取材の時期には4つの波がある。うち新しい2つの波は、平成28年～令和元年が主に『日本廃村百選』（15ヵ所）、令和2年～5年がこの本（10ヵ所）の取材に伴うものである。

〔甲信越〕	初訪問	初取材	訪問回数
新潟市西蒲区角海浜	昭和56年 3月	令和 2年 7月	4回
新潟県糸魚川市菅沼	平成20年 8月	平成31年 4月	3回
長野県飯山市沓津	平成17年 8月	同 23年 7月	16回
長野県伊那市芝平	平成 6年 7月	同 24年 1月	5回
〔東海〕			
浜松市天竜区有本	平成20年 1月	平成23年11月	3回
愛知県設楽町八橋	令和 4年11月	令和 5年 1月	4回
岐阜県揖斐川町鶴見・東杉原	昭和62年12月	平成23年 7月	6回
岐阜県揖斐川町徳山村	昭和62年12月	平成31年 3月	7回
岐阜県本巣市越波	昭和63年11月	令和 元年 6月	6回
〔北陸〕			
富山県南砺市北原・長崎	平成30年 7月	平成23年 7月	6回
石川県小松市光谷	平成20年 6月	令和 元年 6月	3回
福井県大野市西谷村	昭和62年 9月	平成23年 7月	8回
福井県池田町割谷	令和 2年 9月	令和 5年 1月	3回
福井県南越前町大河内	平成26年10月	平成26年12月	2回

07 新潟 角海浜《かくみはま》

鳴き砂と毒消し道復活への想い

新潟県新潟市西蒲《にしかん》区角海浜
戸　数　31戸（昭和36）
移転年　昭和49年（1974年）
個別移転【商業集落】

角海浜は日本海沿岸、三方を山に囲まれた狭い平地にあった集落で、公会堂跡の標高は11ｍ、ＪＲ巻《まき》駅から五《ご》ケ《か》浜《はま》まで９㎞（クルマで18分）、浜辺を歩いて１・５㎞（徒歩25分）である。

角海浜には、北前船寄港地、越後毒消し発祥の地、巻原発建設予定地など、多様な顔があるが、市道は崩落のため通行止になっており、現地には容易にたどり着くことができない。

角海浜は筆者が初めて訪ねた廃村であり、それは昭和56年の早春、離村から7年目のことだった。そして令和2年、縁があって角海浜を調べ続けている写真家の方から毒消しの道復活への想いをうかがう機会を得て、同時に元住民の方が鳴き砂復活を祈って私家版の本を出版されたことを知った。そこにはどのような想いがあるのだろうか。

角海浜の成り立ち

今昔物語（朝日古典全書）には、「承暦元年（1077年）、能登の国 光浦《みつうら》の海人ども一村をあげて、越後の国 角海浜へ逃亡」とある。代表的な寺である称名寺《しょうみょう》は、慶長12年（1607年）、能登鳳至《ふげし》郡滝深見《たきふかみ》村より野積《のづみ》に上陸し、翌年角海浜に移ってきた。また、城願寺《じょうがん》は、慶長8年（1603年）、能登鳳至郡鵜入《うにう》村より東本願寺派の北陸の取次所（傘下の寺約250）として角海浜へ移った。

延宝3年（1674年）の角海浜絵図には233戸の家があり、近郷でも大きな村であった。しかし耕地には乏しく、また漁には向かないため、生活は商業や出稼ぎ（大工や木挽《こび》きなど）によって成り立っていた。宮城県の国の重要文化財 旧登米《とよま》高等尋常小学校の設計者 山添《やまぞえ》喜三郎は、角海浜の出身である。

江戸時代から明治にかけて、日本海を往来していた北前船は、角海浜にも寄港していた。角海浜には北前船の船主（廻船問屋）がおり、交易によって多くの商家があり、村

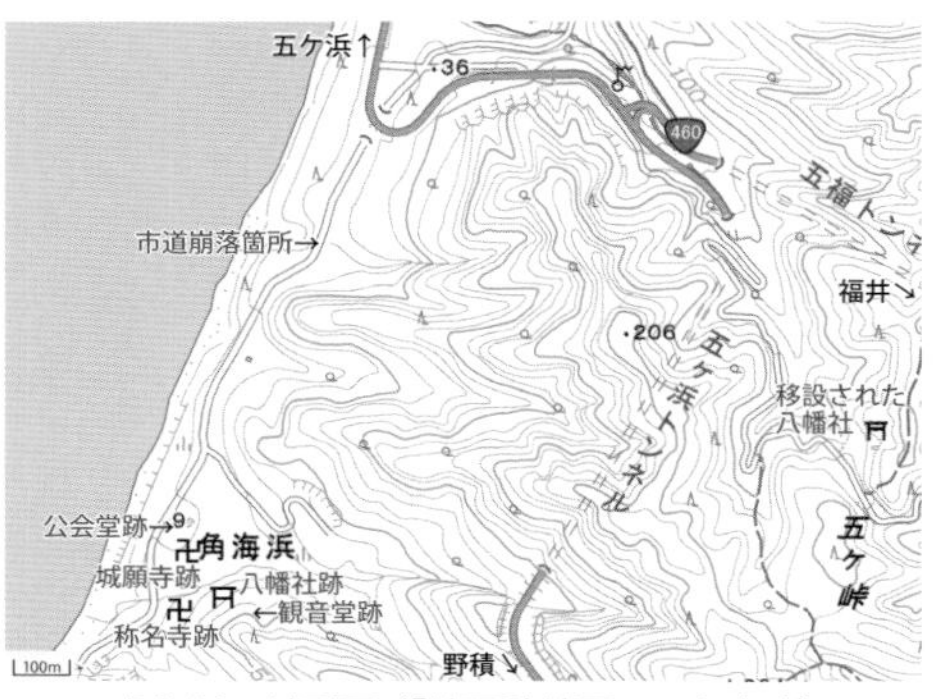

角海浜の地形図（「地理院地図」Webより）

は活気にあふれていた。

マクリダシ（波欠け）について

角海浜では、マクリダシ（波欠け）と呼ばれる海岸欠損（崩落）が数十年に一度の周期で発生している。マクリダシによって海岸の土砂は根こそぎ奪われ、海岸に近い家々は水没し、角海浜の戸数は文化14年（1814年）には111戸に激減している。

大正12年から昭和14年までの間に、家並み2列と道路が海中に没する大規模なマクリダシがあり、角海浜衰退の大きな要因になった。昭和8年には戸数は42戸まで減少していた。

越後毒消し発祥の地・角海浜

「滝深山施薬院称名寺」は、能登より毒消しをもって角海浜へ移転し、施薬と布教によって檀家を増やしていたと思われる。白扁豆《はくへんず》（フジマメ）や硫黄、菊名石《きくめいせき》（腔腸《こうちょう》動物が作る炭酸カルシウムの骨格）などを主成分とした毒消しは、交易で原料を調達することによって作られ、食中毒、便秘、下痢などに効能があった。江戸末期、民間に製造権、販売権が譲渡され、男たちによる毒消しの行商が始まった。明治になって移動制限の撤廃で女たちが行商に出るようになり、毒消し売りは飛躍的に発展した。明治12年（１６７４年）の角海浜戸長役場統計には、「大工１１６人、売薬渡世１０５人」とある。その後、五ケ浜など角田山周辺の村に波及し、２５００人以上の女たちが毒消し売りとして西蒲原の地域経済に貢献した。

毒消し売りは昭和10年代をピークとし、戦後は時代の変化に伴い衰退した。角海浜からは東南東１・５㎞の角海峠を越えて、東１・５㎞の麓の福井まで歩いた。なお、昭和28年にヒットした「毒消しゃいらんかね」（歌　宮城まり子）は、角海浜の毒消し売りの娘を歌ったものである。

樋曽山隧道（排水トンネル）について

角海浜地内、集落跡の南側１㎞には、樋曽山《ひそやま》隧道と呼ばれる排水トンネルが3本並んでいる。西蒲原の矢川《やがわ》流域では水が溜まりやすく、トンネルを開削して排水する計画が持ち上がっていた。樋曽山隧道は昭和10年に貫通し、矢川流域の水はけは画期的に向上した。しかし、角海浜では水源の山の清水がトンネルに吸い取られ、川の水がなくなり井戸が枯れ、飲料水も事欠くようになった。県と水利組合は5本の井戸を掘り、うち3本から新たな村の飲料水をまかなった。

その後、二度にわたる排水改良事業で、昭和43年に新樋曽山隧道が、平成12年には新々樋曽山隧道が完成している。

角海浜・公会堂そばの萱葺き屋根の家（昭和41年7月）

明治期から高度経済成長期頃までの角海浜

明治22年（１８８９年）、市町村制の施行において、角海浜は一集落で「西蒲原郡角海浜村」となった。村役場と小学校が城願寺のそばに置かれたが、明治36年には北隣の五ケ浜村と合併し、西蒲原郡浦浜村大字角海浜となった。この年、角海浜は「民家87、寺5、神社1、観音堂1、病院1」という記録がある。村役場と小学校は合併により廃止となったがその建物は残り、公会堂として離村時まで使われた。

大正末期から昭和初期にかけて、大規模なマクリダシのため角海浜の衰退に拍車がかかり、昭和12年秋には称名寺が、昭和27年春には城願寺がそれぞれ巻町に移転した。子供達の姿は、昭和39年頃には見られなくなり、昭和41年には9戸15人の老人だけの村となった。

出稼ぎを生活の糧としていた角海浜だが、狭い畑では自給自足用の大麦がよく作られていた。

漁業としては、昭和38年まで鮭の定置網漁が行われていた。各所から集まった漁師が番屋に泊まり込んで漁に勤しみ、角海浜の老人一人が最後まで網の手入れや食事のまかないなどの仕事をしていた。

角海浜の公会堂と原発関係者の自動車（昭和49年5月）

巻原発建設計画と角海浜の離村

巻原子力発電所建設計画は、昭和44年（1969年）6月3日付の新潟日報の報道により表面化した。角海浜の住民たちには想像もしていないことだったが、東北電力の関連会社による土地の買収は、過疎の村で密かに進められていた。

老人だけの少数戸となっていた角海浜に、集落としての反対運動は起こらず、家々は個別に移転していった。その様子は『角海浜物語』（和納の窓刊）に詳しく記されている。

昭和49年（1974年）7月28日、最後の住民が移転して、角海浜は無住の地となった。そして翌50年にはすべての家々が取り壊された。同年、原発予定地を迂回する越後七浦シーサイドラインが全通した。

巻原発建設計画は賛成・反対で地域を二分したが、全国初の住民投票を経て、表面化してから34年後の平成15年（２００３年）に建設計画は白紙撤回に至った。

角海浜の鳴き砂と巻原発反対運動

角海浜の海岸には白砂の浜があり、『新潟県　角海浜の鳴き砂』の著者　元住民の大倉陽子さんは「波打ち際を下駄で走ると、キュッキュッと鳴った」と子供の頃を振り返っている。鳴き砂は花崗岩に由来する石英の粒を多く含み、成立には砂の出入りがないことが重要な条件となる。

昭和55年冬、大倉さんは25年ぶりに故郷　角海浜を訪ね、白砂を鳴き砂研究の第一人者　三輪茂雄同志社大学教授に届けた。白砂には樋曽山隧道の排水に由来する黒い砂粒が混ざっていたため当初は鳴かなかったが、その後、長時間の洗浄作業を経て、鳴き砂であることが証明された。

鳴き砂の発見は、自然保護を論点のひとつとする原発反対運動と結びつき、「角海の鳴き砂をよみがえらそう会」、「角海峠を歩き原発と自然を考えるつどい」へとつながっていった。鳴き砂とそれを軸とした市民の動きが巻原発建設計画撤回に与えた影響は大きい。

筆者と角海浜との出会い

筆者が初めて訪ねた廃村は、上越新幹線の工事が進む新潟への旅で偶然立ち寄った角海浜である。昭和56年（1981年）3月12日（木）、まだ18歳のときだった。所属していた大学のサークルの行事で群馬県水上温泉に2泊した筆者は、単独で特急「とき」に乗って新潟へと向かった。地図には、佐渡海峡沿いには角田浜、五ケ浜、角海浜という集落名が並んでいる。佐渡を見ながら砂浜や海辺の道を歩いて着いた角海浜では、作業小屋とお墓しか見当たらなかった。その時感じた静けさと寂しさ、のどかさと驚きは深く頭に刻まれた。

そのときの面影を求めて、昭和63年（1988年）8月22日（月）、大阪から北海道小樽までの11泊12日のツーリングの道中に角海浜を再訪した。車道終点のトンネルの手前までバイクを走らせると、そこには「巻原発1号機配置計画図」の案内板が建っていた。

再訪時の角海浜・車道の終点（昭和63年8月）

令和になって、32年ぶりに角海浜を訪ねる

令和2年（2020年）5月、農業共済新聞という業界紙で、「記憶に残る廃村旅」という連載記事を執筆する機会を得た（7月下旬から9月上旬まで、全6回）。連載の第1回には「初めて訪ねた廃村を取り上げよう」と決めたことから、32年ぶりに角海浜を再訪した。

同年6月20日（土）、梅雨の晴れ間の午後、手前の集落 五ケ浜に通じる道（国道402号）には賑わいがあったが、集落は静まりかえっており、過疎が進んだ感じがした。五ケ浜から角海浜までは1・5㎞、クルマで市道を通って行こうとすると、ゲートと「崩落のため通行禁止」という案内板に出くわした。クルマを停めて、ゲートの脇を通って先へと歩くと、やがて崩落箇所に到着した。確かにこれでは先には進めない。

「浜から行けば何とかなるんじゃないか」と考えて、五ケ浜に戻って砂浜や岩積みの護岸を歩いていくと、崩落箇所の先の市道にたどり着くことができた。浜で出会った地域の方によると、「満潮のときでも浜伝いに歩くことができる」とのこと。使われなくなった市道は傷んでおり、集落跡の少し手前にも小さな崩落箇所があった。

集落跡には東北電力の施設があるため、場所の特定はたやすい。「どうなっているのだろう」と思いながら道を歩くと、そこには施設が建つだけで、他は一面草に覆われた平地となっていた。

少し先へと進むと、市道終点のトンネルにたどり着いた。トンネルには柵が施されていたのでここで折り返すことにした。

市道から浜に下りて歩き回っていると、浜と丘の間の崖に水瓶を見つけることができた。最盛期（江戸期）にはおよそ250戸、寺が5つあったという角海浜には北前船にまつわる文化があって、「水瓶はその影響を受けたものかもしれない」と思うととても味わい深い。

探索は正味45分間、絶え間なく響く波の音は、往時から変わらないのであろう。

浜と丘の間の崖に水瓶を見つけた（令和2年6月）

巻在住の郷土史研究家　斉藤文夫さんと出会う

記事をまとめるにあたって、角海浜のことを調べているうちに、どうしても『角海浜物語』を一読したくなった。蔵書があるという巻郷土資料館に連絡を取ったところ、著者で写真家の斉藤文夫さんを紹介していただくことができた。

電話でのやり取りの中で斉藤さんは、「角海浜には行商や出稼ぎで村を離れて暮らす人が多かったため、教育に熱心で、近隣の集落とは異なる気質があった」と話された。

電話から1か月経った7月下旬、福井の萱葺き屋根の家「旧庄屋佐藤家」を訪ねることで、斉藤さんとの出会いが実現した。斉藤さんは、昭和8年福井生まれ。「兄が婿養子に行ったことから、福井から歩いて1時間の角海浜との縁ができた」とのこと。

昭和25年頃から写真に興味をもつようになり、角海浜にもカメラを持って出かけるようになった斉藤さんは、昭和35年頃にある老人から「あと3年もすると、村の子供は一人もいなくなる」という話をうかがい、「この村のことをできる限り写真で記録しておこう」と思ったという。

角海浜のおばあさんの家で囲炉裏を囲んで取材をする斉藤文夫さん（昭和46年4月）

昭和43年、原発建設計画が明らかになり、角海浜は注目されるとともに、その終焉が現実のものとなってきた。『角海浜物語』のあとがきには「村の老人たちが動揺しながらもどこか諦観しているように見えたのは、多くが若い頃に出稼ぎで村を離れ、仕事を終えて村へ戻ってきたからなのだろう」との旨が記されている。また、取材の中で斉藤さんは「大学を出て国鉄に勤めた角海浜の区長はいつも中央公論を読んでいた」、「原発建設予定地になったことの心境を訪ねたところ、区長は「カモがネギを背負ってきたようなものだ」と返事をした」と話された。農村のような先祖代々の田畑を持たない商業集落は、変化に対して脆いのかもしれない。

そして、斉藤さんが角海浜の近況として話された「毒消しの道プロジェクトが立ち上がって、現在角海峠で止まっている往時の歩道を、角海浜まで復活させようとしている」、「プロジェクトでは称名寺跡に「越後毒消し発祥の地」の碑の建立を目指している」という言葉は、強く記憶に残った。

斉藤文夫さん。福井「旧庄屋佐藤家」にて（令和2年7月）

角海浜の元住民　大倉陽子さんとやり取りをする

斉藤文夫さんから出版されたばかりの『新潟県　角海浜の鳴き砂』を紹介していただいたことから、著者で元住民の大倉陽子さんのことを知り、手紙のやり取りをした。

大倉さんは昭和12年五ケ浜生まれ。３年後の昭和15年、隣村の角海浜に転居し、一家は昭和30年に転居するまでの15年間を角海浜で過ごした。母ふみさん（大正2年生まれ）は、毒消しの売り娘として、14歳から23歳までの10年間を過ごした。毒消し売りの行商は「5月15日頃から10月15日頃まで、共同生活を行いながら行われた」と記されている。

『角海浜の鳴き砂』の末尾には、上京後の海や砂浜にまつわる思い出、原発建設は白紙撤回になったが、樋曽山隧道からの排水のためその復元は厳しいという現況、「百年後、千年後、一万年後かわからないが、復元する可能性を秘めている」という大倉さんの想いが記されていた。

斉藤さん・毒消しの道プロジェクトの方と移設された家屋・神社跡を訪ねる

そして、令和４年（２０２２年）８月29日（月）、２年ぶりに角海浜と福井の斉藤文夫さんを訪ねた。時節柄、現地に行くのは取り止めることにしたが、斉藤さん、毒消しの道プロジェクトの阿部智恵子さんとともに、五ケ浜に移設された角海浜の茅葺き屋根の家屋（篠原幸三郎家住宅）と、観音様が移設されたお堂、五ケ峠に移設された八幡《はちまん》社の鳥居、拝殿を見に行くことができた。「移設には東北電力の力添えがあった」と斉藤さんは話された。斉藤さんとのやり取りを続けることで、筆者は角海浜について、新たな事柄を知ることができた。

＊　＊　＊

「角海の鳴き砂をよみがえらせよう会」は遠いこととなり、「毒消しの道プロジェクト」が目指すゴールも角海浜の現況を鑑みると、難しいことに思える。ただ、鳴き砂も毒消しの道も角海浜を象徴するものであり、語り継ぎやすい事柄といえる。

往時の家屋や神社跡、観音様まで移設され、保存されているのだから、記録には留めていきやすいのではないかと思った。そしてそれを伝えていくためには、想いや情熱が必要だ。

【令和4年8月29日（月）取材】

五ケ浜に移設された角海浜の萱葺き家屋（令和4年8月）

伝統のまつり継続に込めた想い

08
長野県
沓津《くっつ》

長野県飯山市静間《しずま》字沓津
戸　数　26戸（昭和35）
移転年　昭和47年（1972年）
集団移転【農山村】

沓津は信濃川水系清川源流部にあり、標高は６６３ｍ（分校跡）、飯山市街から７㎞（クルマで20分）。飯山市街の標高（３１５ｍ）は長野県の市街地でいちばん低いが、飯山近辺・千曲川中流部は信州一の豪雪地帯である。

筆者は平成17年の真夏に初めて沓津を訪ねた。山深くに分校跡の校舎、萱葺き屋根の家屋、火の見やぐら、神社、田畑が残る沓津は、昔ながらの農山村の姿を見るようで、以来、平成21年４月までに、春夏秋冬10回通うことになった。そして、離村から50年以上経った今も、往時の校舎が残り、神社において春まつりと秋まつりが脈々と継続されている。そこにはどのような想いがあるのだろうか。

沓津集落のあらまし

清川の流れを間近に、斑尾《まだらお》山の山腹に抱きかかえられるようにして、段々にひとかたまりに沓津の集落は集まっている。県境まで２㎞弱、新潟県と背中合わせの山峡の小集落である。

沓津は、立石分校がある堀越《ほりこし》（昭和55年離村）、柳久保《やないくぼ》（昭和46年離村）両集落とともに秋津では上段と呼ばれる。下段の静間に比べ、夏は涼しく、冬は暖かい、夏は30℃を超える日は幾日もない。しかし、例外になるほど気温が下がることもない。冬は零下10℃以下に下がることがまずない。寒い朝は下段より５℃以上気温が高いこともある。下段と違い、川霧のかかることもなく、朝日が東の山から顔を出せば、すぐに気温が上がりだす。飯山盆地の底の冷え込みがここへは及ばず、かえって昼の暖気がこのあたりにとどまり、気温の低下を防いでいる。

雪は、秋津地区ではもっとも多く積もる。記録に残る積雪の最高は、昭和20年２月24日及び26日の３ｍ25㎝である。「沓」ははきもの、「津」は渡し場を表す。文字の上から

沓津・堂平の地形図（「地理院地図」Webより）

は、斑尾古道の成立（大化3年（644年）頃）とともに人が住んだとしてもおかしくはない。江戸時代の沓津は、享保2年（1717年）静間村指出帳が示すように静間村の新田の位置に置かれていた。沓津の大字はずっと静間である。

明治42年、沓津消防組沿革誌に載っている地図には、25戸の家が記されている。昭和21年の秋まで、ランプの生活を送っていた。沓津にはオオヒルメの神（雨照大神）を祭神とする沓津神社をはじめとして、神様として八所大権現、山の神の社、火の神の秋葉様、水の神の弁天様、仏様として薬師如来がある。

秋津小学校沓津分校の沿革

明治18年（1885年）　小学校の派出所設立。当初の校舎は、神社の拝殿等があてられた。
明治29年（1896年）　木造二階建ての校舎を新築。秋津村に寄付。
昭和30年11月　木造モルタル二階建ての新校舎が落成。沓津区は負担金50万円を出し、うち20万円は神社の御神木5本をもってあてた。敷地も市に寄付した。
昭和34年4月　へき地等級2級、児童数18名。
昭和35年7月　公衆電話が部落の協議で分校に設置。

同9月　テレビが大阪在住の地元出身者の寄付金をもとに1戸600円の寄付で分校に設置。
昭和40年8月　防火貯水槽という名の小プールではあるが、プールができる。
昭和46年12月　児童数1名、教師1名になる。
昭和47年（1972年）3月　創立以来87年、新校舎新築後17年をもって、300名近くの児童が学んだ分校の歴史が閉ざされた。

昭和30年まで使われた先の沓津分校（昭和46年）

冬の沓津へ通じる道

昭和29年8月1日、下水内《しもみのち》郡秋津村が合併で飯山市になった直後、沓津区は市に分校校舎新築の陳情書を出している。その中で、冬季の交通は「山中の深雪地帯のため11月中旬より翌年5月初旬まで積雪があり、冬期間降雪や風が厳しくなると道は開かなくなる」とある。当時は沓津林道の開設工事進行中で、車道は分校手前500m下までしかなかった。この車道の難所は、急な傾斜を伴うカーブとなっている。

沓津集団移住決議書

昭和30年代後半に入り、高度経済成長期の情勢の変化に伴い、1戸、2戸と転出が見られるようになり、昭和44年には残る者12戸となった。そして昭和46年9月1日、12戸は沓津区として、集団移住決議書を飯山市長に提出した。

決　議　書

ひるがえって過去を想えば幾百年、辛苦営々と祖先が汗と力で築き上げし我が郷土を我等は継承せんと、終戦直後の苦境の中、実社会に一足たりと追いつくべく、まず我等に燈をと、近隣集落に率先して協力を求め、電気架線を布設、電力を取り入れた。なおまた、文化は道路において他になしと、当時の秋津村役場に請願、ご指導を仰ぎ、沓津林道をはじめとする道路の開設に村一丸となって奉仕した。また一方、沓津分校の老朽化を憂い、分校舎の新築を行い、その上、近村にさきがけてプールを建設した。このように、過去20有余年、部落民一致協力、部落の発展に渾身の努力を傾注し、なお市のご援助にもあずかり、ほぼ目的達成に近づいて参りました。しかし、数年来の社会の高度経済成長のひずみの中、特に農業政策の転換等、情勢

往時の沓津集落の全景（昭和45年頃）

は日を追って悪化し、我が部落に迫って参りました。
たまたま県企業局の要請により、市が仲介、斑尾開発は市の発展となり、共に沓津集落の発展にもつながるとの御要望に応え、先祖伝来の斑尾山麓区共有地60有余町歩を菅平《すがだいら》方式にて提供、市道分道線の確保をねらい、活路を見出さんと欲しました。
しかし、開発は我が意の如《ごと》くは遅々として進まず、加えて農業と社会情勢全般はますます不利となり、一方生活水準は高まり、生活費は出かせぎによりこれをおぎなう、家によっては年間日雇いが主と農業は後退、日雇いと逆転し家計を支える始末。昭和44年、ついに離村戸数11戸と、部落戸数は半減し、計り知れぬ動揺と打撃をこうむる苦境に立たされました。

その後も生活苦と不安にたえず戦いつつも今日に至りましたが、一方郷土に愛着をいだきつつも2戸、3戸となお離村の方向にあり、加えて各人同志相はかり、市に離村補助の内容を調査する等活発にその動きを示し、このまま放置すれば部落自滅の方向に至るやも計り知れぬ様相となり、最悪の事態を直視し、取り残されての児童の教育問題、雪に埋もれる冬季の苦闘等、もろもろの苦境より脱却するため、大勢のおもむくところ、市の提示する夏山冬里方式により一応の生活基盤を確保、もって集団移住は最良の方策なりと信じ、ここに全戸同意決議致しました。

すべては筆舌にあらわせぬ全般の苦境を、市当局は御賢察御理解くださいまして、今後3か年という猶予という条件をもちまして、今後一層沓津全般の市道の確保保全、特に期間内の冬期間の除雪に万全の施策を賜りたく、なおまた、沓津家屋の免税、融資補給等、我々の前途は極めて多難と思われますので、何卒御高配を得たく請願いたします。

昭和46年9月1日　飯山市長　春日佳一殿　沓津区長　佐藤武　以下11名

＊　＊　＊

計26戸の移転年次は、昭和37年1戸、同39年1戸、同41年1戸、同43年1戸、同44年9戸、同45年1戸、同46年8戸、同47年4戸。移転先は、飯山市秋津16戸、飯山市木島2戸、須坂市3戸、千曲市3戸、山ノ内町1戸、信濃町1戸。元住民の名前は、離村記念碑に極まれている。

沓津愛郷保存会の設立

集団移住決定後、沓津神社および部落共有財産の管理は将来とも必要であることを考え、沓津愛郷保存会を設立することになった。

昭和46年9月19日、飯山市福祉センターにおいて、沓津在住者および同出身者の合同会議が開催された。会議には在住者全員と出身者中8名が出席した。飯山市側からは企画課係長柳氏、総務課係長佐藤氏が同席した。たまたま春日市長もみえ、区長からこれまでの経過をきき、また市営住宅入所を優先して考えてくれるようにとの依頼を受けた。

愛郷保存会の設立ならびに会則は、出席者全員の承認を得て成立した。今後、年に一度は都合がつく限り沓津神社に集まり、往時をしのび、心のふるさとを確かめ合うことが確認された。

愛郷保存会の離村25周年記念法要で記念碑を囲む（平成8年6月）

なお、令和5年現在、沓津神社への招集は、年に2回（春まつり、秋まつり）行われている。

＊　＊　＊

沓津愛郷保存会　会則（抜粋）

第1条　本会は沓津愛郷保存会という。
第2条　本会の事務所を会長の定むるところにおく。
第3条　本会の会員は別紙名簿の会員をもって構成する。
第4条　本会は沓津神社の保存管理の任にあたることを目的とする。
社司は年1回、会員は沓津神社に参集し、これをとり行う。
第5条　本会は沓津共有財産及び道路の維持管理の任にあたる。

青年　佐藤長治氏が綴る沓津の今後の農業

夏山冬里方式で、今後も夏の間は十戸あまりの家が沓津に住み、もしくは通い、耕作することになっている。沓津の農業の主体は古くから稲作である。畑は少ない。現在も60俵、70俵の米を売り渡す家が数戸あるが、下へ求めた畑を別とすればここの畑作でめぼしい収益をあげている家はない。沓津の場合、夏山冬里方式の耕作は今後も稲作中心とみられる。

しかし、新しい動きがないわけではない。それは沓津にあくまで踏みとどまり、百合、りんどうなどの花を作り次第に収益を増やし、活路を見出そうとする青年佐藤長治氏の動きである。公民館秋津分館発行「館報あきつ」昭和46年11月15日号に氏は次のような所感を寄せている。

＊　＊　＊

廃村を前にして

いよいよこの沓津部落も、集団離村に決まろうとしている。山間僻地の小部落、離村することもやむを得ないだろう。

集団離村の形式をとれば、市と県より、1戸当たり20万～40万円（家族人数の多少により差がある）の見舞金が出るという。集団離村という形にするには、一人残らず村を出るという条件を要する。町場へ移転しようと準備を進めている人達が、「もらえる金ならもらって出たい」と動き出した。結局、「このまま1戸、2戸と出て行く状態が続けば、いずれは全員出ざるを得ぬことになろう」ということになり村全員（自分一人を除いて）賛成してしまった。自分一人となった以上、もはやそう思おうと反対はできない。できるのは「俺は残る。もう少し頑張りたい」ということを認めてもらうことである。

市役所に行って、係の人に言ったら難色を示しつつこう言った。「村の中のことは村で決めるべきで、村のことまで市としては何も言えない」と。

幸い村の人達は「大いに結構」と言ってくれた。

今後（もし頑張った結果、うまくいったときの話だが）多少市のほうから文句を言われるかもしれないが、何とか大目に見てもらいたいものである。

ここに残って何をするか、簡単に書いてみよう。

まず、花木とか、そ菜等の栽培を考えている。それに、公害と農薬の心配が少ないので、魚介類等の養殖を試みたい。

「農業は暖地の平らな所でするものだ。積雪地帯で、しかもこんな山の中ではダメだ。それに今、農業はそれほど必要でない。そんなムダをするなら他の仕事へ移ったほうがはるかによい」などの意見が多数あることは承知している。

でも自分は農業は必要であると思う。少なくとも必要なものであろうと思う。そして百姓とは、どんなに条件の悪い土地でもそれを活用することができねばならないと思う。

百姓になるのはむずかしい。しかも自分はそれになろうとしている。それ故に大いに頑張ってみたい。甚だ親不孝ものである。

沓津　佐藤長治

筆者と沓津との出会い

筆者が初めて沓津を訪ねたのは、平成17年（2005年）8月7日（日）、妻との信州廃村探索ツーリングでのことだった。そのとき、分校跡校舎前で偶然出会えたおかげで、佐藤長治さん（昭和22年生まれ）との縁ができた。

広く浅く全国の廃村をめぐる旅をする筆者にとって、沓津は「掘り下げてみたい」と思った最初の廃村と言える。

10回目の訪問、初めて春まつりに参加する

平成21年（2009年）4月29日（土祝）、待望の沓津春まつりには、1泊2日で妻と二人で出かけた。前泊の飯山駅前の旅館での起床は朝6時頃、天気は快晴。宿を出るとほどなく佐藤さんの軽四輪が到着したので、「よろしくお願いします」とご挨拶して10度目の沓津へ向かった。

集合は公会堂（分校跡校舎）朝8時。二階の教室に集っ

権現様にて、佐藤長治さんと筆者（平成23年7月）

たのは約20名で、うちゲスト（会員外）は3名。まず、いくつかのグループに分かれて、集落の掃除を行った。「遠くの山の神のお掃除」に、佐藤さんが手を上げたので、私と妻はこれに便乗した。3つのうちいちばん遠い神様がいる場所への道中は、渡渉の箇所があったり、炭焼きの窯の跡があったりで、興味は尽きない。たどり着いた場所には、大きな窪みがあって、神様（小さな祠）は窪みを見降ろす高台にひっそりと佇んでいた。佐藤さんによると、水の神（弁天様）で、窪みは往時のため池とのこと。

筆者達が公会堂に戻ったのは朝10時頃。皆はすでに戻っていて、まつりの本番まで、ひととき休憩する。愛郷会の活動は、総会に始まり、道普請（道の整備）、春まつり、道の舗装工事、夏の草刈り、秋まつり、冬囲い、雪おろし、総会と続く。メンバーは21名、ほとんどは沓津で生まれ育った方々で構成されている。父親から当時小学生だった方など（二世）への代替わりはあるけれど、沓津を下りてから生まれた方の参加はわずかとのこと。早めの昼食をとった後、沓津神社に立ち寄ると、普段閉ざされている拝殿、本殿の扉は開いていて、神様がまつりの日の到来を喜ばれているように見えた。

午後1時頃、神主が公会堂に来られて、いよいよ春まつり本番がはじまった。公会堂から神社までゆっくりと歩き、拝殿に一同集まって、神事がはじまった。「農山村だから、五穀豊穰の祈りになるのかな」と思いながら、正座をして会の方とともに祈りの輪に加わった。女性は参加しないまつりなので、妻は写真係を任されたが、神事が始まる前、会の方からお誘いがあり、祈りの輪に加わることになった。「まつり」というと、賑やかなものかというイメージをもっていたが、沓津の春まつりは、掃除、本番ともとても素朴なものだった。

神事が終わって、急な坂を下って公会堂に戻ると、お茶とお菓子が出されて一同おつかれさま。お神酒も出されたが、これは持ち帰り用。ここは山の中、クルマなしでは行き来できない。

午後3時頃、会がお開きになってからは、佐藤さんのクルマで里に下りて、話をうかがいながら往時の集落のことなどを話していただいた。

春まつりの隊列が神社へと向かう（平成21年4月）

13回目の訪問、再び春まつりに参加する

平成31年（2019年）4月29日（月祝）、13回目の沓津には、再び春まつりのタイミングで出かけた。朝一番の北陸新幹線に乗り、飯山駅で借りた電動アシスト付自転車（電チャリ）で走る上り坂は軽やかだった。

沓津到着は朝10時頃、公会堂手前では満開のサクラが迎えてくれたが、集落の掃除はほぼ終わっていた。日陰の道には雪が残っていた。参加は約15名で、ゲストは筆者ひとり。10年の間に萱葺き屋根の家屋はなくなり、公会堂も屋根が波打ち始めるなど、傷みが進んでいた。

午後からのまつりの本番では、再び隊列でお供え物を持って歩き、正座をして会の方とともに祈りの輪に加わった。女性や若い方の参加はなかった。神事が終わってから、一升瓶のお神酒は、筆者がちょうだいすることになった。

春まつりの本番、元住民達が社殿に集う（平成31年4月）

そして15回目の訪問、初めて秋まつりに参加する

令和4年（2022年）8月28日（日）、1年ぶり15回目の沓津は、秋まつりのタイミングで訪ねた。当日はあいにく雨まじりの曇り空。飯山市街の旅館に前泊し、朝8時50分飯山駅発斑尾高原行きのバスを分道《ぶんどう》で下りて歩くと2時間かかった。途中、手前の廃村 堂平（平成18年離村）では、離村記念碑横に屋根が尖った新しい感じがする公共の建物かあった。三差路を経て沓津へ通じる道のコンクリ舗装は整っていた。

　沓津に到着したとき、公会堂（分校跡）では愛郷会の役員の選出をやっていた。コロナ禍のこともあって、輪には入りにくく、探索がてら外へ出たところ、「神社に鎌を忘れた」という佐藤長治さんと出会ったので、神社までご一緒した。「離村から50年を迎えたが会員の高齢化が進み、お宮さんの坂を上るのが難しい方が増えてきた」、「公会堂も傷んできたが、雪降ろしをするメンバー

秋まつりで賑わう分校跡校舎＝公会堂（令和4年8月）

も5人ぐらいになってきた」、「後の世代のことを考えると、公会堂の建替えなども考えなければいけないが、声があがるぐらいでまとめるには至っていない」と話された。農業の様子をうかがうと、「ナナカマドなどの花木栽培、シャクヤクなどの花栽培を続けたが、70代で辞めて、今は田んぼを四反だけつくっている」と答えていただいた。

雨は上がって、草刈りなどの手はずは整ったが、すべる箇所もあるので、まつりは神社の方向に祭壇を作り、公会堂で行うことになった。参加者は神主、筆者を含めて13名。神事の後、お神酒《みき》、お茶が出される場をナオライ（直会）ということを知った。神主は「ナオライを出発点と考えて、政治をマツリゴトと呼ぶことがある」と話された。

秋まつりの後、一台のクルマが溝に脱輪するハプニングが起こった。一報と同時に全員が現地に駆けつけ、「何とかしよう」と力をあわせる様子に、愛郷会の方々の団結力を垣間見た。

今回は往時の集落を知らない世代の参加が1名あった（小林智《さとる》さん、昭和46年生まれ）。帰

かつての教室で行われた秋まつりの神事

り道、偶然小林さんのクルマに里まで乗ることになったので、道中話をしたところ、小林さんは「会には雪下ろしに参加するなど、積極的に参加している」、「何らかの形で会を続けていければ」と話された。里まで下りたとき、迎えてくれた会員の家族の方（小林よ志子さん、昭和27年生まれ）とも話す機会があった。小林さんが、「まつりはずっと男ばかりでしているけれど、女性が参加してもいいんじゃないかしら」、「料理をつくるなどで、力になれると思うんだけど」と話されたのは、よく記憶に残った。

＊　＊　＊

離村から50年、脈々と続く愛郷会の団結力は、「すごい」の一言に尽きる。しかし、このままではいずれ先細りになってしまう。新たな展開のためには、若い世代とともに女性の参加が必要なのではと筆者は思った。新たな展開を起こさず、収束の方向に進めていくのもひとつの選択肢だ。存続のこととは別に、「まつりとは人の縁をつむぐ大切な場なんだ」と強く思った。

令和５年11月20日（月）、筆者が協力したＮＨＫ第一制作センター（東京）制作の『ドキュメント20ｍｉｎ．ニッポンおもひで探訪〜神々が集う里で〜』という番組で、沓津が取り上げられた。番組では16名の元住民が集い、神社拝殿で獅子舞が行われ、笛の音が鳴り響いた。

【令和４年８月28日（日）取材】

水没を免れた学校跡の一本桜

09 愛知県 八橋《やつはし》

愛知県北設楽《したら》郡設楽町八橋
戸　数　49戸（平成26）
移転年　平成26年（２０１４年）
ダム建設のため移転【農山村】

八橋は三河湾に注ぐ豊川《とよがわ》水系、境川沿いにあった農山村で、学校跡の標高は４４６ｍ、ＪＲ本長篠《ほんながしの》駅から30㎞（クルマで１時間）、設楽町中心部からは６・５㎞（同12分）である。

愛知県（旧国名は尾張《おわり》と三河《みかわ》）の人口は７５０万人（令和４）、47都道府県の中で４番目に多く、過疎との縁は薄いように見える。その中で、奥三河と呼ばれる北設楽郡の三町村（設楽町、東栄町、豊根村）の人口を調べると、すべてこの50年で半分以下になっていた。

筆者は令和４年11月中旬、15年ぶりに訪ねた設楽町、八橋というダム建設に伴って離村した廃村を訪ねたとき、水没を免れた旧学校跡に立つ一本桜と出会った。その姿は「住まなくなっても守りたい」そのものであり、係わる方から話をうかがってみたくなった。

八橋のあらまし

設楽町は昭和31年、田口《たぐち》町など四町村が合併して成立。平成17年津具《つぐ》村と合併し今に至る。人口は４４８７人（令和２）で、50年前（昭和45、１万７３２人）と比べると58％減少している。八橋は旧田口町七大字のひとつで、明治９年までは田枯《たがれ》、向林《むかいばやし》、永江沢《ながえさわ》の三村に分かれていた。規模は59戸１９９名（昭和60）、生業は農業（田畑の耕作）、林業、畜産業、養蚕、養鶏などで、近年まで茶の栽培が盛んだった。

電気の利用は昭和５年からで、昭和14年から25年までは八橋電気利用組合が自家発電による電気を各戸に供給した。電話は昭和29年から、ＴＶの視聴は昭和34年からという記録がある。

村社　八橋神社は、昭和35年、田枯の八幡《はちまん》神社、向林の諏訪神社、永江沢のこぶ神様の合祀により建立。毎年11月15日には祭礼が行われたが、離村期に田口の白山神社に合祀された。

八橋の地形図（「地理院地図」Webより）

八橋（西路）・新学校跡の校舎と校庭（平成20年）

八橋小学校は、明治8年永江沢の崩沢《くずれさわ》に開校。昭和19年田枯の西路《にしじ》に移転、へき地等級無級、児童数77名（昭和34）、戦後の一時期は中学校分校を併設した。昭和46年田口小学校との統合によって閉校したが、校舎は永く常滑《とこなめ》市野外活動施設として使われ、離村期まで残った。

設楽ダム（建設中）について

設楽ダムは洪水被害の軽減、流量の調節、新規利水を目的として建設中の重力式コンクリートダムで、堤高１２９ｍ、総貯水容量９８００万立方ｍ、令和16年度の竣工予定を目指している。建設計画が発表された昭和48年の時点では、ダムの形式はロックフィル式、総貯水量は８千万トンだった。

＊　＊　＊

以下、ダム建設に係わる主な出来事を、年表形式でまとめる。

・昭和48年（1973年）　愛知県が「設楽ダム建設計画」を提示。
・昭和49年　「ダム建設反対連絡協議会」の意向を受け、設楽町議会が「ダム建設反対」を決議。
・昭和62年　設楽町議会が「ダム航空測量」の受入れを決議したが、関係住民の猛反発により調査は凍結。
・平成3年　「ダム建設と地域振興」を訴えた町長が当選。「ダム対策協議会」が発足。「ダム建設反対連絡協議会」が解散。反対路線から話し合い路線へ。
・平成4年　設楽町議会が「ダム実施計画調査」の受入れを決議。
・平成8年　ダム調査事務所からダムの規模の拡大案（1億トン構想）が示される。
・平成14年　国と対策協議会が「設楽ダム用地測量及び物件調査に関する覚書」を締結調印。
・平成21年　「設楽ダム建設に伴う損失補償基準に関する協定」ならびに「設楽ダム建設同意に関する協定」調印。
・平成25年　ダム建設に伴う移転のため、川向《かわむき》、大名倉《おおなぐら》が離村。翌26年、八橋も離村する。
・平成28年　国土交通省は「ダムは令和8年度に完成予定」であることを明示。
・令和4年（2020年）5月　国土交通省は「工期終期を令和16年度に延長」することを発表。

移転時の区長 金田直孝さんの声

平成期にダム建設に伴い移転した八橋には、様子を記した複数の記録がある。その中で、移転時の区長で、対策協議会会長を務めた金田《かなだ》直孝さん（昭和22年生まれ）の声がとても印象深かったので、『ありがとう八橋』（八橋記念誌編集委員会編）の掲載記事をもとにその声をまとめる。

令和5年4月2日（日）、筆者は四たび設楽町を訪ねて、金田さんに挨拶した。

＊　＊　＊

・私は八橋に生まれ育ち、ここで生計を立て、閉区式の後も最後までここで暮らした。
・子どもの頃、夏休みは一日中川で泳いだり、魚を取ったりしていた。寒い季節には小学生が10人ぐらい一緒になって、拍子木《ひょうしぎ》をたたきながら「火の用心」と声を上げて歩いた。
・八橋は設楽町の中でも他の集落から離れていたので、その分結束力が強かった。近所の家には互いにしょっちゅう出入りし、地域全体が家庭のような温かい雰囲気に包まれていた。
・設楽ダムの計画が持ち上がった当初は、八橋はもちろん、設楽町も議会も全員反対だった。集まるたびに反対の話をしていた。
・一度目の八橋区長を引き受けたとき（平成3年から5年）、いちばん力を注いだのは賛成か反対かといった議論ではなく、集落の中で亀裂が生じないように気を配ることだった。

「代々築いてきた結束力や団結力をダムによって乱されることがあってはいけない」と考え、皆さんが話し合えるように気を配った。

・皆さんの意見や気持ちを引き出し、町や県、国に投げかけることを繰り返し行い、時代の流れを読んでいるうちに、本当に必要なダムならば、建設を承諾せざるを得ないだろうという気持ちになっていった。幸い皆さんはひとつの方向に向いてくれて、亀裂が生じたり対立が起こったりすることはなかった。

金田直孝さん、奥三河総合センターにて
（令和5年4月）

・二度目の八橋区長となって（平成25年から26年）、ダム計画の提示から閉区式での40数年を振り返ると、移転は必要なダムをつくるため、最終的には自分たちで選んだことだった。犠牲になったわけではない。

八橋の皆さんには、移転について「東三河、ひいては愛知県の発展と安定のため役立つことをした」と胸を張っていただきたい。

町や県、国には、設楽ダムが未来永劫、誰からも認められるものになるよう努めていただきたい。

八橋のウバヒガンザクラについて

永江沢・旧八橋小学校跡地には「ウバヒガンザクラ」と呼ばれる一本桜が立っている。設楽町指定天然記念物で、家々が取り壊された後も変わらないその姿は、とても凛々しく見える。

ヒガンザクラ（彼岸桜）は、エドヒガン、枝垂《しだ》れ桜とも呼ばれる。ソメイヨシノと比べると花期がやや早く、長寿で巨木になるものが多い。代表的なものとして、神《じん》代《だい》桜（山梨県北杜《ほくと》市、樹齢2千年超）、淡墨《うすずみ》桜（岐阜県本《もと》巣《す》市、樹齢千5百年超）、三春《みはる》滝桜（福島県三春町、樹齢千年超）が挙げられる。

八橋のウバヒガンザクラは、根回り約２・４ｍ、樹高７ｍ。明治30年に地区在住の遠山廣吉さんが孫の誕生祝いに庭に植えた桜を、遠山岩吉さん（廣吉さんのご子息）が校地に植え替えたものといわれる。つまり、樹齢は１２６年になる（令和５年現在）。

雪景色の中のウバヒガンザクラ（令和5年1月）

区民による花見の宴は、設楽ダムの建設がはっきりとしてきた平成3年頃から盛んに行われるようになった。その頃は樹勢が衰えていたが、平成6年に樹勢回復事業を行った。

花が咲く桜を囲む子供達（昭和25年頃）

八橋は設楽ダム建設によって閉区したが、旧学校跡地（年配の元住民は「旧校舎」と呼ぶ）の標高（465m）はダムの湛水《たんすい》線（450m）よりも高い。平成28年からは「八橋のウバヒガンザクラを愛する会」によって手入れがなされ、毎年4月上旬頃には花が咲き、優美な姿を見せる。

校地の一角には掲示板があって、ウバヒガンザクラの紹介、「桜を愛する会」の会報などが掲示されており、ダム建設の状況や会の動きを知ることができる。

筆者と八橋との出会い

愛知県三河・豊田市には、長い付合い（平成16年東京都八丈町八丈小島を訪ねて以来）の廃村探索・バイク仲間、岩田五雄《いつお》さん、桂さん夫妻が住んでいる。岐阜県揖斐川町のダム建設のために離村した徳山村（昭和62年離村）には、ダム完成の前後（平成18年夏と平成19年秋）にともに訪ねて、現地（戸入《てにゅう》と門入《かどにゅう》）でキャンプを行った。

平成20年春、筆者は「奥三河にもダム建設のため離村する集落がある」と記された岩田さんのブログで知った。その頃、学校跡の校舎は残っており、校庭にはゲートボール場ができていた。以来、八橋は意識していたが、離村の時も実感が湧かなかった。また、「訪ねるならば岩田さん夫妻と一緒に行きたい」と思ったことから単独でふらっと訪ねることができなくなっていた。

令和4年11月中旬、徳島県吉野川流域（廃村探索）と愛知県渥美《あつみ》半島、三重県神島《かみしま》（同窓会）の旅に出ていた。新大阪─豊橋間の移動中、神島の旅館の女将から、「今日の午後から明日にかけて海が時化るので、明日の神島─伊良湖便は欠航になる」という連絡を受けた。これを受けて「岩田さん夫妻の都合がよかったら、八橋へ行けないだろうか」と思いついた。電話連絡したところ、「明日は天気が悪そうで、バイク仲間との予定をキャンセルしたばかりで、ちょうど良かったです」という返事をいただいた。初めての八橋行きは、意外な展開で実現した。

11月20日（日）名鉄知立《ちりゅう》駅で岩田さん夫妻と合流し、知立―八橋間の80㎞の道程で、八橋についての話をうかがう。急な展開なので、手元には何も資料を持っていなかった。ただ、「地域の方がサクラの大木が残る一角を整備している」ということははっきり覚えていた。

田口で一服した後、到着した八橋では、まず資材置場となった小学校跡付近を探索した。県道からの枝道には「八橋のウバヒガン桜」という手製の案内板があって、よく見ると消火栓と現役のバス停（西路バス停）が見当たった。天気が心配されたが、傘は不要だった。

岩田さん夫妻は度々八橋を訪ね、地域の方と話をして懇意になったという。話をうかがいながらウバヒガンザクラを目指して歩いていくと、途中には「ここに家屋や畑があったんだなあ」とひと目でわかる風景が広がっていた。

視界の右手にはしっかりした石垣があって、その上

集落跡（永江沢）に家屋の敷地、野生化した茶畑が広がる（令和4年11月）

（旧学校跡の校地）には大きなサクラの樹がそびえていた。掲示板の「ウバヒガン桜を愛する会」の会報などに眼を通しているうちに「昭和19年までここに小学校があった」、「桜やその周囲の整備は愛する会のボランティアで行われている」、「令和４年は小規模ながら３年ぶりに観桜会を開くことができた」など、八橋に係わる多くのことを知ることができた。愛する会の取組みは「住まなくなっても守りたい」そのものであり、「代表の方の声をうかがってみたい」と思った。

やや下流側、タキセにある「岩田さん夫妻が八橋でお世話になった方の家の跡」は道路になっており、その先には町立の新しい火葬場ができていた。向かいの山では県道の付替え工事が進んでおり、岩田さんからは「工事が休みの日曜に来れてよかった」という声があがった。

石垣の上に大きなサクラの樹がそびえる（令和4年11月）

雪のサクラと安藤求さんに会うために八橋を再訪する

令和５年１月28日（土）の再訪時、天気は良かったが、寒波のため設楽町は正午頃でもマイナス１℃、ヒガンザクラは雪に包まれていた。初訪の八橋神社跡では、幟《のぼり》を建てる石柱を見つけた。

桜を愛する会の代表 安藤求《もとむ》さんとは、この日の宿泊地でもある田口の奥三河総合センターで待ち合わせた。安藤さん（昭和17年生まれ）は、八橋・永江沢の実家で高校卒業まで過ごした。大学卒業後は愛知県内の小中学校の教職に就き、現在は豊川市に住まれる。

八橋の閉区式に出席し、故郷がなくなることを肌で感じ、「思い出を記していきたい」と執筆を開始し、翌平成27年に『ありがとう故郷』という私家本を刊行した。また同年、ヒガンザクラを守るための下草刈りを開始し、これがサクラを愛する会へと発展した。

ヒガンザクラを軸として、安藤さんに話をうかがい印象深かったことをまとめる。

＊　＊　＊

・下草刈りを始めた平成27年は、２ヵ月に一度、豊川市から一人草刈り機を持って１時間半かけて八橋へ通った。翌年からは年に４回、日時を決めて、八橋出身の仲間を集って行うようにした。そのうちに、草刈りよりも仲間と語らう時間のほうが長くなっていった。

・サクラは４月初旬頃に満開になるので、原則第一日曜日に八橋ゆかりの人達や観光の皆さんと花見の宴（観桜会）を開催している。その折、手製の五平餅を用意して皆さんに振る舞うのは、とても楽しみだ。

・ウバヒガンサクラと愛する会の活動は、中日新聞や朝日新聞（天声人語）、ＮＨＫでも取り上げられ、広く知られるようになった。

・設楽町は「旧校舎を含む高台を八橋公園として整備する」ことを決めてくれた。八橋ゆかりの人達が訪ねることができる場所が確保できると思うと、とてもありがたいことだ。町はサクラの支柱の増強や枯れ枝の除去など、管理をしてくれている。

・閉区式に参加した２５０人のうち、旧住民30人はこの8年の間に亡くなられた。元住民は高齢化しており、私もいつまでも下草刈りをできるわけではない。ダムの完成時期は令和16年まで延期されたが、せめて八橋公園や道の整備は予定通り令和8年までに進めてほしい。

安藤求さんと『ありがとう故郷』、『ありがとう八橋』
奥三河総合センターにて（令和5年1月）

＊　＊　＊

「廃村千選」でダム建設に伴う廃村は全国で154ヵ所（令和5年末現在）あって、うち2ヵ所が八橋と川向だ。筆者はこのうち136ヵ所に足を運んだが、「学校跡に往時からの一本桜が咲く」という環境は、新たに作れるものではない。水没を免れるのも、素晴らしい偶然だ。元住民の喪失感を和らげ、「ここに集落があった」ことを後世に伝えるために、ウバヒガンザクラは大きな働きを担うに違いない。東三河、ひいては愛知県を代表する桜として、末永く咲き続けることを祈念したい。

令和5年3月28日（火）、開花したサクラに会うために、筆者は三たび八橋を訪ねた。「枝垂れ桜の満開は4日間ほど」とうかがい、また、当日の天気を心配したが、桜の花は微笑むように迎えてくれた。

【令和5年1月28日（土）、4月2日（日）など3回取材】

青空のもと、開花したウバヒガンザクラ（令和5年3月）

ふるさとの情報紙に込めた想い

10　岐阜　越波《おっぱ》

岐阜県本巣《もとす》市根尾《ねお》越波
戸　数　38戸（昭和25）
移転年　昭和45年（1970年）
冬季無住【農山村】

越波は伊勢湾に注ぐ木曽川水系根尾西谷川最上流域にあり、分校跡の標高は４１３ｍ、樽見鉄道樽見駅から上大須経由26㎞（クルマで1時間）、黒津経由の道はあまり使われない。林業が主な生業で、昭和25年には38戸２３５名が暮らしたが、高度経済成長期の人口流出を経て、昭和45年から冬季無住となった。しかし、それから50年以上経った今も約20戸の家屋が建ち、無積雪期（4月から11月）には日常的に村の方々の姿が見られる。

筆者は旧根尾村に昭和期からのなじみがある。令和になったばかりのＧＷの晴れた日、19年ぶり五度目の訪問をしたとき、掲示板には「ふるさと越波だより」という情報紙が貼られていた。この情報紙を読んで、そこにそんな想いがあるのか、掘り下げてみたくなった。

筆者と越波との係わり

昭和59年（1984年）10月、バイクの免許を取得した筆者は、ツーリングによって山奥にも気軽に出かけるようになり、廃村にめぐり合う機会が多くなった。

昭和62年（1987年）9月、福井県の自治体規模の廃村　西谷《にしたに》村（昭和44年離村）を偶然訪ねることで知った。また、同12月には、岐阜県の大規模ダム建設による廃村　徳山《とくやま》村（昭和62年離村）を目指して訪ねた。西谷村の南隣、徳山村の東隣の根尾村（現本巣市）には、西谷や徳山を訪ねる流れで、泊まりで出かけることになった。

越波は根尾村最奥の集落で、国道からも外れていることから「どんな場所なのだろう」と思いながら黒津経由でバイクを走らせて出かけた。昭和63年（1988年）11月3日（土祝）、26歳のときだった。

たどり着いた越波は、澄んだ川が集落の真ん中を流れる、山中としては開けた集落だった。黒津《くろづ》小学校（のち長嶺小

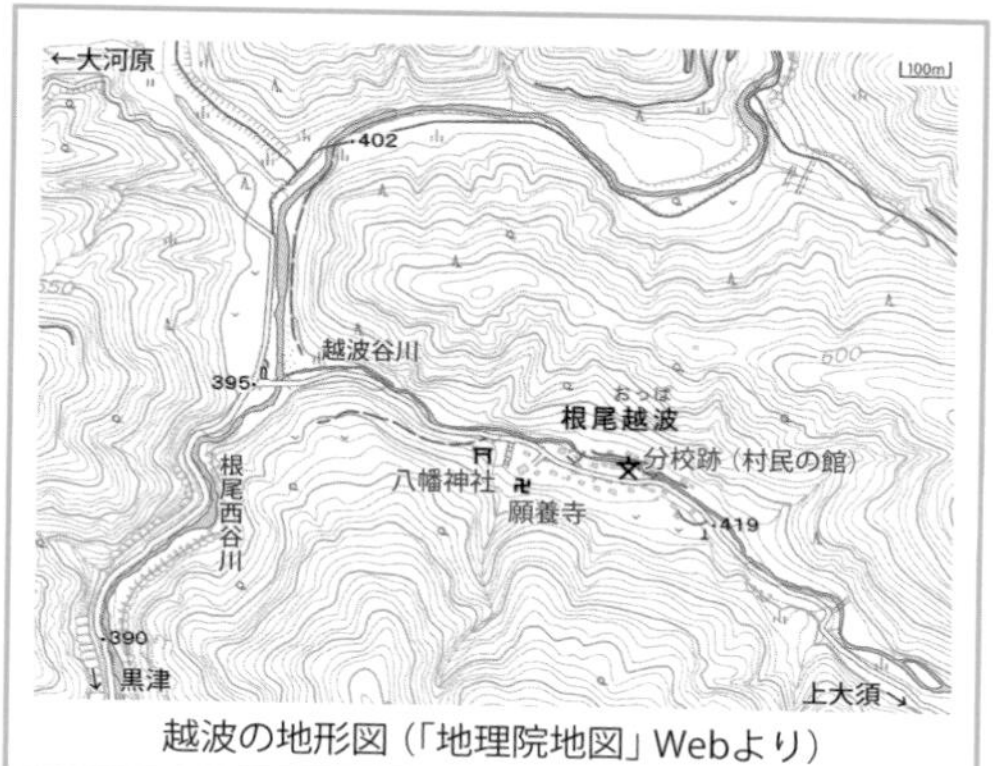

越波の地形図（「地理院地図」Webより）

学校）越波分校は、へき地等級３級、児童数24名（昭和34）、明治15年開校、昭和56年休校、昭和60年閉校。分校跡の校舎前では、おばあさんが豆の皮むきをしていた。ご挨拶をすると「どこから来たかね」、「大阪からです」といった会話が始まった。筆者も座って一緒に皮むきをしながら話をしているうちに、越波は積雪期（11月～翌年４月）にはすべての住民が村を離れ、町の別宅で過ごす冬季無住集落ということがわかった。

高冷な越波では稲作は向かず、長らく焼畑による稗《ひえ》や粟《あわ》を主食としていた。生業は炭焼きをはじめとする林業、養蚕、紙漉《す》きなどだったが、昭和37年頃から本格化したプロパンガスの普及により木炭の需要は激減した。このエネルギー革命により、炭焼きを生業としていた全国の山村は急速に衰退しており、越波の衰退は昭和40年代前半が顕著だった。

＊　＊　＊

越波分校跡・校舎の前で豆の皮をむくおばあさん
（昭和63年11月）

平成12年（2000年）5月1日（月）、四度目の越波には根尾村3泊のツーリングの道中に足を運んだ。山間にしては広い空間がある越波では、満開のサクラが迎えてくれた。集落の真ん中の分校跡運動場にバイクを止めて、草摘みをしていた年配の女性と話したところ「春夏秋に住むのは10人ぐらい」と教えていただいた。

校舎は祭りなどで多くの元住民が戻るときに公民館として使われている様子で、中を覗くと図書室、調理室、職員住宅といった往時の標示板がそのまま残っていた。

情報紙の事務局の方と出会う

令和元年（2019年）5月2日（木）、五度目の越波では、校舎が改装されており、願養寺の鐘つき堂は整っていた。そして掲示板には、情報紙「ふるさと越波だより」は第16号（平成30年12月発行）と第17号（平成31年4月発行）が貼られていた。

岸辺にサクラが咲く越波谷川、右側には校舎が建つ
（平成12年5月）

情報紙には事務局の方（後藤秀若さん）の連絡先が記されていたので、筆者は連絡をとり、同年6月7日（金）、岐阜羽島駅で後藤さんと待ち合わせて話をうかがった。このとき筆者は、『日本廃村百選』の制作を進めていて、その中で取り上げる越波について、事前に便りを出して、「越波がいつ冬季無住になったのか」「冬季無住のきっかけは何だったのか」の2点を問い合わせた。

後藤さんは話の中で、また、後の便りの中で、これに答えてくれた。やり取りの中で、祭りのこと、村から人がいなくなった理由なども教えていただいた。

＊　＊　＊

・集落には黒津小学校（昭和45年より長嶺小学校）越波分校の校舎がある。この年、児童がいる一家が越卒《おっそ》（長嶺小学校校区）に別宅を構えて、児童2名が積雪期に本校へ通うようになったことを契機に、集落は冬季無住となった。春夏

校舎は「越波村民の館」として整備されていた
（令和元年５月）

秋のみの分校になった頃、へき地等級は4級になっていた。最終年度の児童は1名だった。
・閉校後、校舎は公民館として活用されたが、次第に老朽化していった。しかし、平成21年、有志によって改修が行われ、「越波村民の館」として会や宿泊が可能な施設となった。
・願養寺は浄土真宗で、昭和44年、本尊は岐阜市内に新設された別院に移転したが、平成23年、有志によって改修が行われ、鐘つき堂（鐘楼）が「越浪《こしなみ》和願の鐘」として再興した。
・村の鎮守様 八幡神社では、毎年春祭り（5月GW）、夏祭り（8月お盆）、秋祭り（10月上旬）が行われている。

村から人がいなくなった理由と村のこれから

(1) 林業の衰退

戦後から昭和30年頃、村人の生活は自給自足に近い生活だった。現金収入としては、スギの植林と下刈り、土木の日雇い、出稼ぎ（銘木の木挽《こび》き）、炭焼き、割木作りなどであった。冬季は、紙漉き、炭俵作り、焚《た》き木作りでしのいだ。

しかし、その後、越波にあった林業関係の会社（3社）が廃業、ガスの普及による炭・割木需要の減少などにより、林業以外に産業のない越波からは現金収入（仕事）がなくなっていった。

(2) 高度経済成長期、若者が村を出て行った

林業の衰退とは逆に、都会では戦後復興の高度経済成長期になり、若者は職を求めて村を出て行った。若者の多くは、縫製、自動車修理、木工、理容・美容等、手に職をつける仕事に就き、中には独立して会社を興した者もいる。村は高齢者ばかりになっていった。

(3) 子が親を引き取り、村は冬季無住化した

昭和40年頃になると、都会に出た若者は家庭を持ち生活も安定したことから、村に住む親を引き取り同居するようになっていった。しかし、健康で、かつ都会の生活になじめない高齢者たちは、雪解けを待って故郷に帰り、わずかな耕地を耕して生活した。そして秋、雪が降る寸前に子の家に戻っていった。こうして村は冬の間無住となった。

(4) 平成を迎えての変化

平成時代になると、当時の高齢者は順次亡くなっていった。そして若者が高齢者（高齢者二世）となった。越波で生まれ育ったものは令和４年末現在１１５名（平均年齢は77歳、越波の住民登録者は2戸３名）である。みな故郷（越波）に対し様々な想いがあるが、村を訪ねるのは半数ほどである。今も行われている行事として、春夏秋の祭り、芋・えごまづくりがある。

一様に「俺たちが死ねば越波は終わる」と言う。毎年12月になると隣村（上大須）との門扉が

閉ざされ、中部電力の送電も切られ、無人の村は春を待つ。

『ふるさと越波』のあとがき

話をうかがってから4年が過ぎ、「住まなくなっても守りたいものは」の問いを後藤さんに尋ねようと、お貸りした私家版の冊子『ふるさと越波』の写しを読み直していると、すでにその答があとがきに記されていることがわかった。

＊　＊　＊

我らの故郷（ふるさと）越波は、白鳳時代には三つの谷の合流地点付近に「頭矢村《かみや》」として存在し、鎌倉時代には越波村と称し、一時は根尾谷一番の大村として栄えた歴史ある村であります。しかし、昭和40年代には、世の中の発展とともにこれと言って村に産業等のないところから過疎化が進み、ほとんどの家の中心が村を離れるに至り現在のような状況になりました。

人間「郷里を持つ者は幸せ者」と言われています。我々越波で生まれ育った者は山紫水明の越波を郷里として、深い愛着を持っており、ふっと越波を思い起こしたとき、昔（幼いころ）の自分に戻り心の中が清々しい正直でかつ、温かい幸せな気持ちになれる。それが「ふるさと越波」であると思います。

『ふるさと越波』より、冬の越波分校前の風景（昭和40年頃）

「越波のことを何かに残しそれを子孫に伝えたい」「せめて村出身者の名簿でも作りたい」などと多くの人々の声がありました。そうしたことから、我々5名は微力ではありますが「『ふるさと越波』作成委員会」を結成し、先輩諸氏の指導と援助を受けながら、準備期間も含めて8か月余りで「ふるさと越波」を作成させていただきました。内容は「根尾村史」からの抜粋や村をよく知っている人から昔のことを聴取したり資料を頂いたり、また写真をお借りして編集しました。

我々5名は「何とか越波という部落を自分の達の手で残そう」という気持ちで一致した力を合わせて作りました。そうしたことをお汲み取り頂きますとともに「ふるさと越波」が皆さんのそれぞれの心にある郷里に対する追憶の書として頂くことを心から祈念しております。

平成9年1月吉日　「ふるさと越波」作成委員会

後藤 秀若　林 孝子　林 明美　遠藤 さえ子　松葉 満

4年ぶりに後藤秀若さんと出会う

令和5年（2023年）4月3日（月）、サクラが終わった頃、名鉄笠松駅で後藤秀若さんと待ち合わせて、再び話をうかがった。後藤さんは昭和22年越波生まれ。中学卒業時に岐阜市郊外に転居、高校卒業後は岐阜県警で警察官の仕事に就かれた。

いくつかの質問項目を用意しておいたが、後藤さんから説明をうかがい、用意してくれた資料『廃村集落「越波村」の抵抗』などを読むことによって、答を出していくことができた。

＊＊＊

(1) 集会場（分校跡校舎）の改修

越波分校跡の校舎は、閉校後集会所となり、避難場所に指定されていたが、ほとんど活用されることはなく、廃墟に近い状態になっていた。

平成21年春、後藤さんの紹介で初めて越波を訪ねた野田千惠さん（大垣市拠点のNPO法人「ライフサポートお・りーぶ」理事長）は「ここはまさに日本の原風景が残る山村であり、何としても残したい」と強く感じた。この想いは松葉五郎さん（当時の越波区長）とともに「お・りーぶ」が越波の再生を支援することにつながった。同年11月には区長、元住民有志、「お・りーぶ」の協力によって、公民館は「越波村民の館」として改修された。

これによって、越波に元村民をはじめ、目指して訪ねる方々が集う拠点ができた。平成23年7月には「盆踊り」が、平成25年11月には「同窓・同郷会」が開催された。平成26年5月には越波に魅力を感じた本巣市在住の夫妻による「結婚式披露宴」が開催された。

(2) 願養寺鐘つき堂の再建

願養寺の鐘つき堂は、本尊の移転後雪害によって傷み、平成の初めには鐘が落ちた状態になっていた。

集会所の改修が実現したことを契機に、元村民の川辺栄《えい》松《まつ》さん（願養寺の総代）は鐘つき堂の再建を決意し、住職、檀家役員に想いを打ち明けた。この想いは檀家、元村民の間に広がり、近隣集落、越波再生の支援者の方々にも伝わった。同年10月には、鐘つき堂は「越浪和願の鐘」として再建された。

再建の際は落慶法要、落慶式が行われ、ふるさとコンサートが開催された。平成24年10月には、越波存続の想いが込められたタイムカプセルが、鐘つき堂の横に埋設された。このタイム

再建された願養寺の鐘つき堂「越浪和願の鐘」
（令和元年5月）

カプセルは、越波関係者の子孫8名が開封者として指名されており（令和4年末現在、最年少は12歳の女子）、これら次世代の手によって30年後（令和24年10月）に開封されるという。

(3) 情報紙「ふるさと越波だより」の発行

平成23年5月、「ふるさと越波だより」第1号が川辺栄松さんの手によって発行され、170部が元村民、越波再生の支援者などに配布された。第1号には松葉三郎さん（当時の越波区長）のご挨拶、清徳来照《せいとくらいしょう》師（願養寺住職）のご挨拶、鐘つき堂再建をめざして、集会場の改修といった記事が掲載されている。情報紙は年に二～三度のペースでの発行されている。平成30年5月、第15号から事務局は川辺さんから後藤さんに引き継がれ、令和5年10月、第28号が発行された。

＊　＊　＊

『廃村集落「越波村」の抵抗』には、折立峠の栃の木の保全、三段滝への散策道づくり、石楠花群生地への道づくり、願養寺の大銀杏の保全、弘法芋共同農場の開設、千原《ちはら》富美子さん（岐阜出身の演歌歌手）の「ふるさと越波」の歌と歌碑の建立、本巣市地域おこし協力隊の支援活動といった、越波再生にかかわる動きがたくさん記されており、集落が持つ力を感じた。

当初、越波のまとめには、春祭りもしくは夏祭りへの参加を考えていたが、後藤さんから話をうかがっているうちに、越波再生の大きな力となった野田千恵さんにご挨拶したくなった。

そして蛍が舞う頃、六たび越波を訪ねる

そして令和5年（2023年）6月20日（火）、梅雨の晴れ間、筆者は後藤さんの紹介で、「ライフサポートお・りーぶ」主催の「ほたるを観る会」が行われる越波を現地一泊で訪ねた。岐阜羽島駅でクルマを借りて、樽見、黒津を経由して、越波には会が始まる正午ちょうどに到着した。ほどなくお・りーぶの一行を乗せたマイクロバスが到着した。会は公民館に隣接する家屋「越波の里」を会場として、元住民の方、お・りーぶの方など26名の参加で行われた。

蛍の観察は夜なので、「その間どうやって過ごすのだろう」と思ったが、ひれ酒付きの昼食、現地の下見、願養寺の探索、うなぎ弁当の夕食と、次々にプログラムは進んでいった。

個性的な会には個性豊かな人達が集うもので、越波を軸としたいろいろな話をするのも楽しい。お・りーぶ理事長の野田千恵さんは、朗らかに会の進行を切り盛りしている。会について野田さんに尋ねたところ、「蛍の会は昔ながらの集落や美しい自然と親しむ機会を作るために、4年前から続けている」と話された。「越波の里」は二階建ての大きな家屋で、囲炉裏やトイレは近年改修されていて、公民館よりも使いやすいようだ。

観察会は夜8時から。天気は曇りで、星は見えないが、暑くも寒くもなく、風は穏やかで雨の心配はない。最初、蛍はちらほら見える程度だったが、だんだんたくさん見えるようになっ

てきて、やがて「数千匹いるのではないか」というほどのものになった。川の流れを中心に、山をバックにして、呼吸をするたび一斉に光がまたたく様子に、筆者は生命の力強さを感じた。

＊　＊　＊

越波におけるお・りーぶの活動は、時とともに変わっているようだ。春祭りなど、元住民の活動にも変化があるように感じた。「令和5年3月、5年ぶりに岐阜市内で行われた「ふるさと越波の集い（越波会）」では56名が参加した」と、「ふるさと越波だより」第27号に記されていた。

これら越波における様々な活動や情報紙は、歴史や暮らし、元住民たちの想いを伝えていく上で、時代を先取りしているように思える。願養寺のタイムカプセル開封予定の令和24年はどんな時代になっているのか、是非越波で確かめてみたい。

【令和5年4月3日（月）、6月20日（火）取材】

「ほたるを観る会」が開催された越波の里にて（令和5年6月）。
後藤秀若さんと野田千恵さん

古民家温泉民宿に込める想い

11
富山
北原《きたばら》

富山県南砺《なんと》市利賀《とが》村北原
戸　数　4戸（昭和29・9）
移転年　昭和46年（1971年）頃
個別移転【農山村】

北原は富山湾に注ぐ庄川中流域の山腹にあり、分校跡の標高は330m、利賀村中心部から小牧堰堤《せきてい》経由で25km（クルマで50分）、井波《いなみ》市街からは11km（同22分）。利賀村の口山《くちやま》地区（北原、長崎、下原《しもばら》、栃原《とちばら》）は、平野部に近いが過疎の進行が著しい。

筆者は北原で注目したのは、ただ一軒残った昔ながらの家屋が、元住民の手で民宿として再生し、根付いていることにある。そこにはどのような想いがあるのだろうか。

北原のあらまし（庄川右岸、北原・長崎の観光開発）

江戸期の北原は加賀藩領で畑作より自活し、換金産物として塩硝《えんしょう》、蓑《みの》、山野の林産物があった。

庄川には籠の渡がかかり、栃原峠を経た山道で真宗瑞泉《ずいせん》寺の寺内《じない》町井波へ通じていた。明治以降は養蚕が行われた。昭和5年、当時「東洋一のダム」と謳われた小牧ダムが建設され、庄川沿いの大牧は離村し水没。大牧温泉は「小牧ダムからの船便でないと行けない宿」となった。

戦後、ダム下流からの県道（現国道４７１号）が、井波町と利賀村中心部を結ぶ主要道になった。そして高度経済成長期を迎え、急激に過疎が進み、昭和41年、隣集落の仙野原《せんのはら》は廃村になった。北原分校は昭和46年より休校。その頃、集落に常住する方はいなくなった。

昭和43年、利賀村は多くの住民が不在地主になっていた庄川右岸の北原・長崎の観光開発に着手した。昭和46年に長崎大橋が開通して、庄川左岸の国道１５６号からクルマで入れるようになった。観光開発は、大牧温泉の経営会社が軸となって進められ、温泉の給湯を受けて昭和53年～54年、北原に旅館「北原荘」と温泉付き別荘、長崎に「ながさき家」「おかべ」「茂兵衛」「勇山荘」という４軒の民宿が開業した。そして平成8年、北原に唯一残った民家が民宿「利

北原周辺の地形図（「地理院地図」Webより）

賀乃家」を開業した。

北原・長崎の宿の温泉名は新大牧温泉だったが、平成18年、新たに掘削した源泉の利用が始まり、庄川峡長崎温泉に改称した。

うまく行かなかった庄川左岸、下原・栃原の観光開発

庄川左岸の下原・栃原でも、観光開発が行われている。昭和45年9月、新たな温泉の掘削、スキー場の建設を構想した利賀村は、買収した土地を大阪の業者に転売したが、なかなか成果は見られなかった。そして、さらに転売を受けた業者は、昭和49年11月、栃原に「八乙女温泉郷」と称する旅館10軒、個室付き特殊浴場（いわゆるソープランド）20棟を建設するという計画書を村に提出した。その前年頃、栃原は廃村となっていて、風俗営業関連の規制を受けない地域だった。開発を焦った村はこれを了承し、業者は建設に向けてさらに計画を煮詰めていった。しかし、翌50年3月、建築確認申請が村を通じて富山県に提出されると、村は騒然となった。静かな山里には似つかわないこの計画は、村と富山県の結束により白紙撤回となったが、村は土地の買い戻しに多額の費用を用意することになった。この騒動の顛末は、『利賀村史3（近・現代）』に記されている。

その後、栃原には昭和57年に牧場、平成元年にオム・サンタの森スキー場が設置されたが、牧場は平成10年までに、スキー場は平成13年春に閉鎖された。また、昭和59年10月、下原には郵政省簡易保険保養センター（かんぽの宿）が開設されたが、平成16年2月に閉館となった。

北原分校、校舎玄関そばの鉄棒の前で（昭和42年4月）

利賀小学校北原分校・長崎分教場について

明治35年（1902年）8月　個人の住宅を使用し「長崎分教場」が創立。校区は長崎、大牧、北原、仙野原の4集落。翌36年10月　平屋建ての校舎を新築。

昭和2年12月　北原に校舎を新築し「北原分教場」と改称。

昭和25年4月　校舎増築。

昭和34年4月　へき地等級2級、児童数18名。うち仙野原冬季分校は児童数7名。

昭和46年4月　休校。最終年度の児童数は5名だった。

昭和60年（1985年）3月　廃校。83年の歴史に幕を下ろす。

利賀大橋（北原・長崎への交通手段）の今昔

江戸期、砺波平野にある井波町から利賀村中心部に向かうには、杉谷峠を越えて、庄川の川幅が狭くなる利賀川合流部手前に架かる橋で渡り、仙野原（古くは仙納原）を経て、利賀川を渡って栗当《くりとう》（古くは九里ヶ当）に至る道が使われていた。橋は雪害や突風などによってたびたび落橋したが、その都度藩費によって架け直されていた。

昭和5年、小牧ダムの完成によって、古くからの橋は水没し、電力会社によって新しい吊り橋が架けられた。しかし、昭和8年、新橋は突風によって落橋する。利賀村と電力会社の壮絶な駆け引きの末は、昭和12年3月、延長170m、幅員3m、小型貨物自動車が通行できる吊橋とアーチ橋の連結復旧橋が完成、橋の名前は従来の仙野原大橋から利賀大橋に改められた。

しかし、昭和30年代後半には利用者が少なくなり、老朽化が進み補修に手が回らなくなった上、吊り橋が風に揺れる際に摩擦が原因で再三火災が発生。橋板が次々焼け落ちたことなどから、橋は昭和40年に通行止めとなった。昭和41年に仙野原が過疎化で廃村となり、北原と長崎は、昭和46年の長崎大橋開通までの間、小牧堰堤からの渡船が唯一の交通手段になっていた。

昭和52年、「遊覧船の運航上危険」との判断から、利賀村は廃橋の橋板を取り除いたが、ワイヤロープは「観光にひと役買っている」などの判断からそのまま残された。

平成期になっていよいよ老朽化が進み、ワイヤロープは撤去された。今も残る両岸の主塔と仙野原側に残るアーチ橋部分の残骸が、そのような歴史があったことを静かに物語っている。

平成30年10月、国道１５６号と北原・長崎を結ぶ、延長３６８m、幅員９m、鋼上路式アーチ橋の新たな利賀大橋（国道４７１号利賀バイパスの一部区間）が完成した。将来、バイパスはトンネルによって利賀村中心部まで通じる予定である。

筆者と北原との出会い

平成12年（２０００年）夏、『村の記憶』（桂書房刊）という県内75ヵ所の廃村が網羅された本を読み、富山県の廃村になじみができた。同年冬には、私家版の冊子『廃村と過疎の風景』をまとめるにあたり、著者代表の橋本廣《ひろし》さんを訪ねて富山へ出かけた。このとき、橋本さんから「何かテーマを定めるとよいのではないか」とうかがったことが、「学校跡がある廃村に的を絞る」から「廃村千選」へと向かうきっかけの一つとなった。

平成21年（２００９年）冬、初めての富山県の廃村旅の行先には、廃校廃村が13ヵ所（平成大合併前の自治体では日本最大）もある南砺市旧利賀村を選んだ。ちなみに、南砺市の廃校廃村の数（24ヵ所）は日本最大で、的としてはとても大きい。宿を探しているうちに、北原に1軒の温泉民宿「利賀乃家」を見つけた。

同年2月1日（日）夕方、「利賀乃家」にはＪＲ高岡駅からバス、井波からタクシーを乗り継いで、小牧堰堤《せきてい》からは民宿の女将さん（吉田妙子さん、昭和32年生まれ）のクルマで向かった。女将さんは、「普段はおじいさんとおばあさんの二人だけだが、お客さんがあるときは井波の家から主人と私が来ている」を話された。

翌日の探索は栃原、下原、北原の順で行った。栃原では、青空の下、スキー場跡の見晴らしの良い引き締まった雪の上を歩くのが爽快だった。下原（当時戸数４戸）では、当時休校中の下原分校のコンクリ校舎と、急な坂の上に構える八幡宮が印象に残った。往復９㎞歩いて戻り、温泉で暖を取り、北原の探索は昼食の後に開始した。宿のご主人（吉

北原・雪原から「利賀乃家」を見る（平成21年2月）

田與十郎《よじゅうろう》さん、昭和26年生まれ）に尋ねると、「分校跡の校舎はずいぶん前に積雪でつぶれてしまった」とのこと。また、神社は「正面の雪原を少し進むと、左手にある」と教えていただいた。

宿の対面には蔵があり、蔵後方の真っ白な雪原が分校跡と思ったが、往時の痕跡は見つからなかった。引き締まった雪原の上を歩くと、左手の樹々の中に八幡社の鳥居が見つかった。

平成期、北原「利賀乃家」には、平成23年7月（バイク旅）、平成27年1月（北陸本線乗り納め）、同4月（北陸新幹線乗り始め）、平成29年11月（紅葉の頃）と計5回足を運んでいる。八幡宮の少し先、スギ林の中に家屋跡の石垣を見つけたのは四度目、春に訪ねたときだった。

そして、5年ぶりに六度目の「利賀乃家」を訪ねる

北原の取材は令和2年5月上旬に行う予定だったが、コロナ禍のため延期になっていた。そして令和４年（２０２２年）10月31日（月）、筆者は新高岡駅でクルマを借りて、妻とともに「利賀乃家」を訪ねた。夜、お酒を嗜みながらご主人に北原のこと、宿のことを語っていただいた。

＊　＊　＊

・かつての北原の生業は稲作で、斜面には棚田が広がっていた。庄川に近い長崎は稲作には向かず、北原地内にも長崎の方の田んぼがあった。他に和紙作り、養蚕、炭焼きを行った。

・昭和35年頃、利賀大橋を経て北原まで自動車が通行できる林道が作られたときには、６名ほどの朝鮮人労働者が工事に携わり、吉田家は飯場として部屋を提供した。部屋の囲炉裏で焼いた焼肉を食べさせてもらうことがあったが、とても美味しかった。

・北原で過ごしたのは小学６年（昭和39年）まで、中学校は寮に入って井波の学校に通った。

・昭和46年頃、父は井波に新しい家を買い、以来数年北原の家は空き家になっていた。北原、長崎の他の家も同様だったが、長崎では温泉民宿の開発が進められ、昭和54年、「ながさき家」など４軒の温泉民宿が開業し。家々に再び明かりが灯った。

・一時は取り壊すことも考えた北原の家だったが、平成の世になり、山の静かな環境を観光の方が求める時代になったと感じたので、公私の協力を得て、平成８年に温泉民宿「利賀乃家」を開業した。井波では寿司店に勤めていたので、料理の腕を活かすことができ、宿には地元井波の知り合いから中国・台湾の団体客まで、多くの方々に泊まっていただいた。

「利賀乃家」の吉田さん（ご主人）

・年を重ね、時代の変化もあって、肺がんで妻が亡くなった（平成29年）頃からは少人数のなじみのお客さんが中心になった。令和に入り、コロナ禍があって宿の切り盛りは大変になったが、いつかは収まることだろうし、元気なうちは宿を続けたいと思っている。

＊　＊　＊

イワナの刺身、地産の野菜・山菜、鴨なべなど、利賀乃家の料理はとても美味しく、日本酒がよくはかどる。世代交代があるとよいなと思うが、ご主人に尋ねると「息子次第かなあ」と話された。

六度目の今回、神社の対面に初めて分校跡の痕跡（ブランコの骨組）を見つけることができた。これまで「分校跡で校舎があった」と思っていた宿のそばの平地はかつては畑で、「校舎は鉄棒とともにブランコのそばに建っていた」と教えていただいた。

【令和4年10月31日（月）取材】

六度目の訪問で、分校跡のブランコに気がついた

12 福井 割谷《わりだに》

木地師縁の里に離村碑が建つ

福井県今立《いまだて》郡池田町割谷
戸　数　13戸（昭和30）
移転年　昭和39年（１９６４年）
集団移転【農山村】

割谷は日本海に注ぐ九頭竜《くずりゅう》川水系割谷川沿いにあり、分校跡の標高は３７８ｍ、ＪＲ武生《たけふ》駅から29㎞（クルマで1時間）、池田町中心部からは９㎞（同20分）である。

今立郡池田町は福井県越前南部、町域は雪深い山間にあり、三八豪雪では大きな影響を受け、割谷、木谷《きたに》など六集落が離村。平成29年、足羽《あすわ》川ダムの建設（令和８年竣工予定）によって千《ち》代谷《よだに》（旧下池田村役場所在地）など五集落が離村したこともあり、町内の廃村は18ヵ所もある。人口は５５２４人（昭和45年）から２４２４人（令和２年）と、50年で半分以下になっている。

筆者が令和２年秋、初めて割谷を訪ねたとき、分校跡には真新しい離村記念碑が建っていた。碑の前に佇み、この村にどんな暮らしがあったか、掘り下げてみたくなった。

割谷の小史（あらまし）

国会図書館での調べを終えて、「難しいのでは」と心配していた割谷の歴史の掘り下げだが、越前市中央図書館からさいたま市中央図書館への相互貸借で読むことができた『池田町史』には、詳細な割谷の小史が掲載されていた。

＊＊＊

平安末期、倶利伽羅《くりから》峠の戦いで木曾義仲軍に敗れた平維《これ》盛《もり》軍は、京都へ退去すべく今庄《いまじょう》の燧《ひうち》の渡しまでたどり着いたが、燧城や木ノ芽城を守る義仲軍の兵にはばまれた。一部の兵は宅良谷《たくらだに》に入り芋ヶ平《いもがだいら》を越えて、割谷に隠れ棲んだという伝説がある。また、美濃の池田から、あるいは徳山から移り住んだ者によって割谷村ができたとも伝えられている。

割谷川に流れて来た椀《わん》の破片に驚いた土合《どあい》村の人達は、放置していたらこの進入者たちに奥地を伐り開かれてしまうというので、村の二男三男達を説き伏せて、急きょ割谷の上流に開村したのが木谷村の起こりであるという。

割谷・木谷の地形図（「地理院地図」Webより）

福井市西木田《にしきだ》にある長慶寺《ちょうけいじ》は木地屋の檀家が多い寺で、昔は割谷にあったと伝えられる。それが足羽郡の東郷に移り、次いで福井市北ノ庄に移った。豊臣秀吉の家臣 堀秀政が新しい北ノ庄城（後の福井城）を築いた際、さらに現在地へ移転した。割谷に移住した人達は木地屋だったという話は、長慶寺と関連して考えられることであり、この木地屋達は、公卿や殿様がかむる冠を作ったという。

割谷の長者 九平は、長慶寺建立の際に多額の寄進をした。寺では九平の間という一座敷があった。九平は三国湊で千石船を三隻持っていたといい、割谷村の雑用は半分を負担するのが慣習であった。残りの半分は加左エ門が出しあとを村中で割り当てたが、村ではこの雑用割が大変苦しかったと伝えている。九平も加左エ門も、道場があった付近に屋敷があったという。

池田で実施された太閤検地は、割谷が最初であった。市や稲荷の古老の中に、昔割谷へ年貢を納めた話を聞いている人がいる。九平長者に納めたのであろうか。村の中には橋が３ヵ所掛けられ、一つは幅五尺（１・５ｍ）長さ六間（11ｍ）の板橋で、他の二つは六間の一本橋だった。

長慶寺が移転した跡には、真宗の道場が建てられた。元文４年（１７３９）の記録では、本尊阿弥陀絵像三百体、六字名号三百体、蓮如《れんにょ》上人像、道場無住五間四面《ごけんしめん》（間口９ｍ×庇《ひさし》を含む奥行７・２ｍ）と記されている。この頃には神社はなかったらしく、氏神無御座と特筆されている。明治初期の記録には無格社秋葉《あきば》神社の名が挙げられている。

文化４年（１８０７）５月26日には７戸が全焼し、８月からが30人が藩庁から御救米を頂戴したという。また、昭和13年８月７日、炎天下に火事となって４戸が全焼した。

明治19年の記録には、田地三反（３千平方ｍ）、畑地一町四反（１万４千平方ｍ）、稗《ひえ》二反、粟《あわ》二反、大豆三反、小豆一反、麻五反、楮《こうぞ》（和紙の材料）一反、山林五十九町、戸数19戸、男67人女62人と書かれている。このうち５戸は戦前に福井市、関西、東海へ移転した。

この頃は農業の他に木地挽《び》き、漆掻《か》き、養蚕、楮の栽培などを生業とした。漆は鯖江の河和《かわ》田《だ》の人に掻かせるようになり、蚕も河和田の人によって買い取られた。楮は楢又《ならまた》の仲買人が大野の西谷《にしたに》村方面に売却した。農閑期になると男達は京都・伏見へ酒造りの手伝いに出たという。

明治42年、割谷に分教場が設置されたときは、道場が使われた。大正元年、分校は木谷に新築移転し、校名は木谷分校となった。その後道場は廃され、昭和26年、その跡に再度分校が移転、再び割谷分校となり、二階建ての校舎が新築された。電気は戦後まもなく通じた。

昭和30年の割谷の戸数は13戸、うち武生市に６戸、鯖江市に２戸、福井市に２戸、池田町内稲荷《いなり》に１戸、ほか滋賀県など関西に移転した。昭和39年の全戸離村後、秋葉神社の社殿は西角間へ移築され、祭神の闇山祇命《くらやまづみのかみ》は稲荷の惣社に預けられた。

分校校舎は池田町公民館として稲荷の惣社赤門近くに移築された。昭和50年代は青年の家として青年団が使用した。なお、池田町青年の家は、平成期に建て替えられている。

木地師（木地屋、轆轤《ろくろ》師）について

割谷は、池田町河内《こうち》、田代《たしろ》、西青《にしあお》、近隣の旧今庄町芋ヶ平、高倉《こうくら》、大河内《おおこうち》（すべて今は廃村）などとともに、木地師ゆかりの集落と伝えられる。享保6年（1701）の池田郷村村明細帳には、「割谷から木地山手（木地師からの上納物）が納められた」との旨が記されている。

木地師はトチ、ブナ、ケヤキなど広葉樹の木を伐採して挽き、轆轤という工具を用いて椀や盆などの木工品を作る職人のことをいい、木地屋、轆轤師とも呼ばれる。その始まりは、9世紀後半、滋賀県東近江市（旧永源寺町）小椋谷《おぐらだに》で隠遁《いんとん》生活をしていた惟喬《これたか》親王が、法華経の巻物の「巻軸が回転する原理」から轆轤を思いつき、その技術を家臣や村人に伝えたといわれる。小椋谷は、九居瀬《くいぜ》、黄和田《きわだ》、政所《まんどころ》、箕川《みのがわ》、蛭谷《ひるだに》、君ヶ畑《きみがはた》の六集落からなる（九居瀬はダム建設で廃村）。惟喬親王は文徳天皇の第一皇子で、皇位は第四皇子の惟仁《これひと》親王（清和天皇）が継承した。この伝承によって、惟喬親王は木地師の祖と呼ばれる。

木地師は独自の工具と技術を持って、良材を求めて各地を渡り歩いた。江戸期には、蛭谷の筒《つつ》

井《い》神社、君ヶ畑の大皇器地祖《おおきみきじそ》神社は、全国の木地師を氏子として、移動する際の通行手形を発行し、用材伐採の権利を保障した。明治初年の廃藩置県により山林所有権が確定した。明治末頃には交通網の整備により材料が入手しやすくなり、木地師の山渡りは見られなくなっていった。

　全国の木地師ゆかりの山間小集落には、小椋姓、筒井姓が多く見られる。木地師の木工技術は、明治期の精密工業につながったとされる。また、世界的に持続可能な開発目標（ＳＤＧｓ）が掲げられている今、森と向き合って生産活動を続けた木地師の暮らしは、注目を集めている。

　筆者は廃村探索の流れで、君ヶ畑、蛭谷を平成期に訪ねている。

君ヶ畑・大皇器地祖神社（平成12年7月）

蛭谷・筒井神社と木地師資料館（平成24年11月）

筆者と割谷との出会い

初めての割谷は、令和2年9月21日（月祝）、浦和から大阪・堺の実家に向かう途中、福井駅で借りたクルマで訪ねた。大野市街の宿を未明5時に出発し、一日がかりで18の廃村をめぐる計画を立てたが、午前中にクルマのタイヤがパンクしてしまった。午後2時頃、探索を再開することはできたが、12番目の廃村美濃俣《みのまた》を訪ねたとき、明らかに集中力は落ちていた。

最後の割谷では集落入口の小さな畑に煙が上がっているのを見て、そばの大湯橋でクルマを停めた。時間は午後4時。クルマの返却予定は5時30分だったので、ここで探索を終えることにした。それでも1日で13ヵ所の廃村をめぐることができた。この探索で「枝がクルマに絡んだら、すぐに取り除くこと」という教訓ができた。

＊　＊　＊

その2ヵ月後、11月23日（月祝）、大阪・堺の実家から浦和までの帰路、武生駅でクルマを借りて、割谷を再訪した。集落内、本流に架かる三つの橋のうち下流側の橋（仮称一ノ橋）のそばには往時の蔵と家屋跡の碑、少し先に閉ざされた作業小屋と石垣が見当たった。そして中央の橋（二ノ橋）を渡ってすぐの平地には、真新しい「木谷割谷石碑」（令和2年建立）が建っていた。

池田第一小学校割谷分校は、へき地等級3級、児童数19名（昭和34）、明治42年開校、昭和

39年閉校。分校は一時期、奥の木谷地内にあった。碑の表面の13戸の家屋の配置図には分校と神社も刻まれていて、分校は碑が建つ場所にあったことがわかった。

石碑に記された秋葉神社跡は、一ノ橋―二ノ橋間、車道から山道に入った場所にあった。家屋の様子をうかがいながら山道を進んでいくと、「行き止まりかも」と思った川の先にコンクリの階段が見つかった。橋がない川は谷になっていたが、慎重に回り込んで飛び石伝いに川を渡り、急だがしっかりした階段を上がると、整った境内が迎えてくれた。社殿や祠はなかったが、灯籠には修繕が施されており、「神社に来た」という感じがした。

探索の終盤、木谷のほうに歩いていくと、上流側の橋（三ノ橋）を渡った先、ネットが施された木に「有害鳥獣捕獲」の標示があって、割谷に係わる方がシカやイノシシの猟をしていることがうかがえた。木谷で

分校跡、神社が記された「木谷割谷石碑」を見つける
（令和2年11月）

は、木谷橋の手前の林に捨てられた赤い廃車が印象に残った。後に「この林の対面が木谷分校跡」と教わった。1時間半ほどの探索の間、誰かに出会うことはなかった。

元住民、山田康夫さんと出会う

割谷の元住民　山田康夫さん（越前市武生在住）のことは「有害鳥獣捕獲」の標示に名前があったことから知った。『記憶に残る廃村旅』で割谷を取り上げるにあたって、「無断よりは断っておいたほうがよい」と思い、令和3年7月、旅先の軽井沢から電話をしたところ、山田さんは了承してくれた。

そして筆者が訪ねた年に建った真新しい離村記念碑のこと、小さな山村にどんな暮らしがあったか、掘り下げてみたくなり、令和4年12月、再び山田さんに連絡を取ったところ、話をうかがう機会をいただけることになった。

令和5年（2023年）1月27日（金）、筆者は雪降る武生駅で山田さんと待ち合わせた。取

石碑のおかげで行くことができた秋葉神社跡

材は武生市街に住む割谷の元住民　山本国男さんが営むそば店「才」で行った。

＊　＊　＊

私は昭和26年割谷で生まれて、昭和39年の離村のときは小学6年生だった。離村の理由には三八豪雪もあったが、伊勢湾台風（昭和34年）の影響が大きかった。父は林業など山の仕事をしていて、離村後も武生から通いで山仕事を続けた。また、元住民は福井市街の長慶寺に定期的に集ったが、昔のことを知る年配の人は、近年すっかりいなくなっていった。

江戸期には山に木地師が居住したのかもしれないが、集落とのつながりは薄かった。多くの村の人は、歩荷《ぼっか》として山を越えて荷物を運ぶ仕事に従事していた。徒歩交通の時代は山越えの道を通して今庄や大野、西谷、美濃の徳山などとのやり取りがあって、山のネットワークの一員だった。

高校を卒業してからは、武生の電器メーカーに勤め、工場を経て運転手となった。狩猟の免許は60代になってから取った。父母が大切にしていた山の荒廃が進むのは忍び難く、持ち山の管理とともにシカやイノシシなど害獣駆除に積極的にかかわった。記念碑は害獣駆除で得られた報酬などを元にして、元住民で力をあわせて令和2年秋に建てた。「割谷という集落があった」ことは忘れ去られたくはない。碑が伝承の一助になるとすればとても嬉しい。

そして雪融け後の春、山田さんとともに三たび割谷を訪ねる

1月の取材時、筆者は山田さんに往時の写真の有無を尋ねたが、「見つからなかった」とのこと。しかし、「春に現地を案内していただけないか」という希望を受けていただけた。令和5年4月3日(月)、筆者は武生を訪ね前泊し、翌4日(火)のお昼頃、山田康夫さんのクルマで三たび割谷を訪ねた。手前の集落 土合から1㎞ほど、割谷川に架かる橋の脇には、お地蔵さんがいて「鳥越橋寄附 一金拾万円也 名古屋市 山田喜太郎《きたろう》」と刻まれた石柱が建っていた。山田さんは「喜太郎は祖父 金右エ門の弟で、苦労を経て名古屋で鉄工所を創業し、織機の製造で成功した」と話された。後の調べで、この鉄工所を始まりとする株式会社山田ドビーは、プレス機械の開発・製造を主とする愛知県本社の世界展開するメーカーということを知った。

集落の1㎞ほど手前の二体のお地蔵さんがいて、「昭和31年12月15日 釈暢音信士」と刻まれている。話をうかがうと「雪崩で亡くなった祖父と村人の慰霊で作った」とのこと。そばの「鳥獣慰霊碑」(令和2年建立)は「狩猟で命をいただいた動物の慰霊のため建てた」とのこと。その先にはコンテナ車を改造した作業小屋が建っていて、山田さんは「日当たりが良いこの場所を山仕事の拠点としている」と話された。大湯橋そばの畑も山田さんのものだった。

割谷の山田さんの生家は一ノ橋のそばにあって、「山田家誕生記念碑」(令和2年建立)には「祖

父、父、自分の代の名前を刻んだ」とのこと。「父 忠は山で木から落ちて、その後亡くなるまで5年間病院で過ごすことになった」とも話された。武生への移転後に生まれたご子息に、割谷への興味はないそうだ。

「木谷割谷石碑」は、3年経過しても新しさを保っていた。碑の左右の大きな石は「聖地のときに掘り起こした」とのこと。裏面が建立年以外素のままになっていることを尋ねると「形になって満足したので、このままになると思う」という返事をいただいた。

＊　＊　＊

山田さんとともに現地を訪ねて、筆者は「山の暮らし、山仕事は危険と隣り合わせ」だったことを強く感じた。また、資料が少ない村の記録をまとめて、やりがいとともに、「誤りを記してはいけない」という責任を強く感じた。

【令和5年1月27日（金）、4月4日（火）取材】

山田康夫さん、「木谷割谷石碑」とともに（令和5年4月）

Column 2 再生した廃村の今昔

廃村の再生・活用は、筆者がよく質問を受ける項目のひとつである。代表的な活用例として、往時の旅籠を宿泊施設とした長野県飯田市大平《おおだいら》「大平宿」、往時の炭鉱住宅を船上から見学できる長崎県長崎市（旧高島町）端島《はしま》「軍艦島」が挙げられる。ともに往時の建物とともに「集落の歴史」が語り継がれており、その存在は貴重なものといえるが、そこには「暮らし」は伴っていない。廃村を「集落のコミュニティの喪失」という側面から見れば、数戸の新しい住民の暮らしが伴うことが廃村の再生・活用の重要な要素と言える。

ここでは、元住民が集団移転した集落跡地に、新しい住民の暮らしが根づいた例として、10年来の縁がある長野県伊那市（旧高遠《たかとお》町）芝平《しびら》を紹介したい。

芝平のあらまし

芝平（昭和53年離村）は天竜川水系、伊那市駅から23㎞の山間にある。標高が高い（分校跡で1110m）ため冬の寒さは厳しいが、積雪はあまりなく、夏は涼しい。

昭和30年代、主産業の製炭業は、プロパンガスが出回るようになると一気にすたれた。昭和40年代には、高遠や伊那の会社や工場に通勤する方が増えた。分校跡には工場が織物誘致されたが、長くは続かなかった。昭和50年代、住民は生活条件のよい場所への移転を決意し、昭和53年（１９７８年）末、国による集落再編成事業により、高遠市街に近く平坦地が多い河南地区上山田（上山田芝平）への集団移転が行われ、行政区芝平は解散した。

その一方、昭和50年頃から、静かな自然環境を求め、都市部や市街地から芝平へ転入される方が出てきた。行政区がなくなった集落への住民登録を高遠町は渋っていたが、高遠町が合併で伊那市になった頃から「ゴミ回収や水道などの行政サービスがない」ことを前提に受け入れている。新しい住民の多くは、往時の家屋を購入または賃借し、補修をしながら生活している。自治組織が存在せず、互いの生活には干渉しない新しい芝平の人々の気質は、街に近いものがある。

元住民、新住民の声をうかがう

廃村に新しい住民の暮らしが根づいた例は、全国的にもあまりない。「是非、声をうかがいたい」と思い平成24年（２０１２年）1月29日（日）と3月4日（日）、筆者は芝平を訪ねた。

元住民の北原直《ただし》さん（大正15年生まれ）は「昭和50年代に入った頃、村の人々はみんな町に出て行くことを考えていた。」と話された。北原厚《あつし》さん（昭和4年生まれ）は「移転先で仕事に慣れて、暮らしにゆとりができると、生まれ育った芝平がなつかしく、よく足を運ぶようになった」、「新しい住民の方との接点はほとんどないが、往時の家屋が暮らしとともに残ることは、とてもありがたいことだ」と話された。

新しい住民、陶芸家の宮崎守旦《もりあき》さん（昭和23年生まれ）は、平成11年に東京・青梅から芝平に移転した。友人の紹介で諏訪神社の秋祭りに参加したことで芝平と出会い、その5年後に住まいと新しい陶芸の場「天空窯」の用意ができた。平成22年には、職業訓練校での陶芸の勉強を終えたご子息 匠《たくみ》さん（屋号は山上《やまじょう》）が加わった。グラフィックデザイナーの飯島忠義さん（昭和28年生まれ）は、平成12年に東京から芝平の公民館跡に移転した。分校建物の管理に携わられており、昨夏には「廃校の音楽祭」を開催されるなど、積極的な活動をなされている。

取材を終えて、筆者は「芝平の暮らしは、微妙なバランスをもって継続している」と思った。

芝平・離村記念碑と分校跡校舎（平成24年1月）

10年後、再び元住民、新住民の声をうかがう

その後、芝平の人口は顕著に減少した（28戸47名（平成22）が10戸16名（平成27））。「どのように変化したのか」と思い、令和４年（２０２２年）８月27日（土）、再び取材で芝平を訪ねた。

宮崎守旦さんと元住民の北原正明さん（昭和18年生まれ）とは、年賀状のやり取りが続いている。再会したとき、10年ぶりという感じがしなかった。宮崎さんが住まれる明治時代に建った家は北原さんの生家で、馬屋の場所が陶芸の作業場になっている。宮崎さんは「新しい住民は高齢化が進み、亡くなった方、転出した方がいて、人口は10人ぐらいではないか」と話された。また、諏訪神社の秋祭りは規模を小さくしながら継続しているとのことだった。

家の背後には、窯などで使うための大量の薪が積まれていた。薪の山を見て、筆者は「山里に暮らしがあると、山林に人の手が入り、整った状態が保たれる」ことを実感した。それは、川下の街の住民にとっても大切なことだ。

北原正明さんと宮崎守旦さん、天空窯の作業場＝往時の馬屋にて

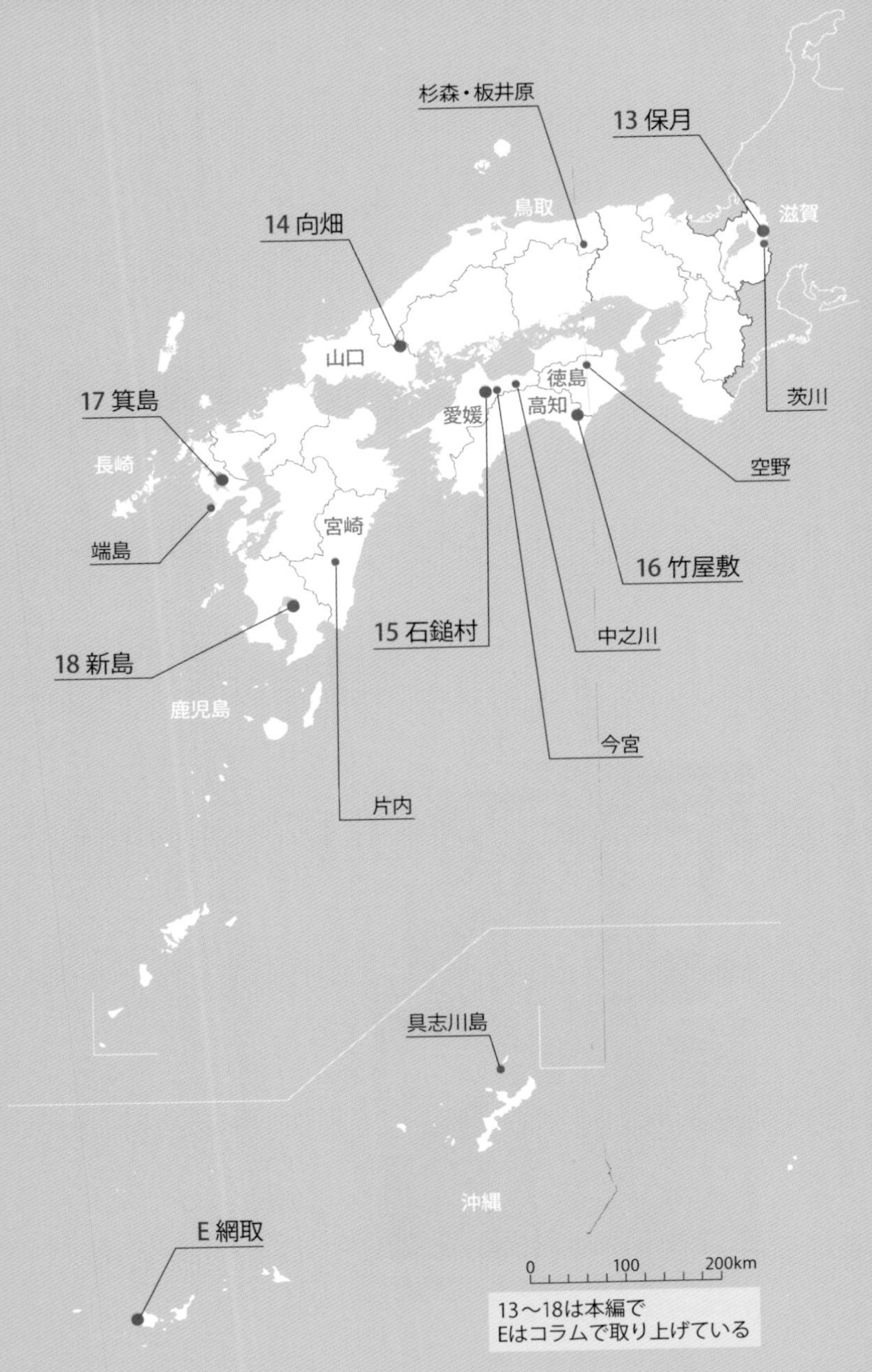

杉森・板井原
13 保月
滋賀
鳥取
14 向畑
山口
茨川
徳島
17 箕島
愛媛
高知
空野
長崎
端島
宮崎
16 竹屋敷
15 石鎚村
中之川
18 新島
鹿児島
今宮
片内
具志川島
沖縄
E 網取
0
100
200km
13〜18は本編で
Eはコラムで取り上げている

廃村聞き取り 西日本

関西・中国・四国・九州・沖縄

初取材の時期のうち古い2つの波は、平成23年～24年が主に『廃村と過疎の風景6』(18ヵ所)、平成25年～26年が『廃村をゆく2』(4ヵ所) の取材に伴うものである。

「どこが出発点になるのだろう」と思ってたどったところ、廃村取材のルーツは山口の向畑、藤村緑さんとの広実申しのビデオ、往時の写真を介しての手紙のやり取りにあった。

『秋田・消えた村の記録』、『秋田・消えた開拓村の記録』、『秋田・消えゆく集落180』の佐藤晃之輔先生の聞き取り取材は計232ヵ所ある。筆者も100ヵ所にはたどり着きたい。

〔関 西〕	初訪問	初取材	訪問回数
滋賀県東近江市茨川	平成12年 7月	平成23年11月	2回
滋賀県多賀町保月	平成12年 7月	同 31年 4月	4回
〔中国・四国〕			
鳥取市杉森・板井原	平成22年11月	平成28年 3月	4回
山口県岩国市向畑	平成23年 4月	同 23年 4月	3回
徳島県美馬市空野	平成22年 8月	同 23年 5月	2回
愛媛県四国中央市中之川	平成22年 3月	同 23年 5月	2回
愛媛県西条市今宮	平成16年 5月	令和 元年12月	2回
愛媛県西条市石鎚村	平成16年 5月	令和 4年 7月	4回
高知県北川村竹屋敷	令和 3年 1月	同 5年 1月	2回
〔九州・沖縄〕			
長崎県大村市箕島	平成 7年12月	平成26年 4月	7回
長崎市端島	平成12年 8月	同 24年 4月	4回
宮崎県西都市片内	平成25年 8月	同 26年 5月	3回
鹿児島市新島	平成25年 4月	同 31年 1月	3回
沖縄県伊是名村具志川島	平成24年 7月	同 24年 7月	1回
沖縄県竹富町網取	平成10年 5月	令和 元年10月	2回

13 滋賀 保月《ほうづき》

ゆるく交流する元住民と訪問者

滋賀県犬上郡多賀町保月
戸　数　35戸（昭和38）
移転年　昭和51年（1976年）
冬季無住を経て無住化【農山村】

保月は琵琶湖に注ぐ芹《せり》川源流部にあり、標高は611m（小学校跡）、多賀町中心部から12km（クルマで30分）である。村役場所在地 保月、西側の杉、東側の五僧の3集落からなった犬上郡脇ヶ畑村（昭和30年に多賀町と合併、戸数56戸（昭和38））は、過疎の進行により自治体規模の廃村となった。筆者が確認した自治体規模の廃村は、岐阜県揖斐郡徳山《とくやま》村、石川県能美郡新丸《しんまる》村、福井県大野郡上穴馬《かみあなま》村、西谷《にしたに》村、岡山県苫田郡久田《くた》村など、全国で9村である。

筆者が保月で注目したのは、冬季無住化から50年近く経った今も、集落にお寺や神社があって、元住民と訪問者とのやり取りが行われていることにある。無積雪期には、別宅にほぼ毎日通う元住民もいる。そこにはどのような想いがあるのだろうか。

保月、旧脇《わき》ヶ《が》畑《はた》村のあらまし

保月、旧脇ヶ畑村の歴史は、『脇ヶ畑史話』（多賀町公民館刊）、坂口慶治先生の論文（京都教育大学）に詳しく記されている。

古くから、五僧《ごそう》、保月、杉の三集落を結ぶ山道は、伊勢、美濃と近江を結ぶ東海道・中山道の間道（脇往還）として使われてきた。脇ヶ畑の中心集落である保月には街道上の宿場町としての顔があり、昭和初期までは北村屋という宿屋があった。しかし、徒歩交通が鉄道や自動車交通に移り変わるに連れ、保月の集落規模は縮小し、明治30年の82戸が、大正15年には53戸に減少した。明治後期には、アメリカ、カナダ、北海道への長期出稼ぎが行われている。大正～昭和初期の離村は、繊維産業への就職を契機とする京都市への移転が多い。このような自由度が高く開放的な気質は、杉、五僧の結束力が強く閉鎖的な気質とは対象的と言える。多賀町中心部への車道が通じたのは昭和10年のことである。

保月の地形図（「地理院地図」Webより）

保月・茅葺き屋根の照西寺と鐘楼（昭和30年代）

慶長5年（1600年）、関ヶ原の戦いでは、破れた西軍の武将 島津義弘の軍は五僧峠を越えて保月に入り、杉坂を下り多賀から堺に出て、薩摩への帰国を果たした。鹿児島県伊集院町で結成された関ヶ原戦跡踏破隊は、昭和35年から毎年8月、かつて義弘軍がたどった道をたどっており、保月では照西寺で隊を出迎え、交流を続けている。

電話の導入は昭和17年になされた。昭和25年7月電化事業が完成したが、滋賀県ではいちばん遅かった。郵便局の開設は、昭和22年のことである。

保月は石灰岩からなるカルスト台地上に位置するため、水田には適さず、大豆を中心とした畑作が行われた。主要な生業は林業で、木材の伐採、搬出、製薪、製炭が行われた。中でも製炭は、大正期から昭和30年代まで盛んに行われ、作られた木炭は彦根へと運ばれた。しかし、高度経済成長期を迎え、プロパンガス、電気器具の普及により、木炭の需要は急激に減少した。このことが過疎を進行させることになった。

昭和34年、保月の脇ヶ畑小学校は児童数43名、犬上東中学校脇ヶ畑分校は生徒数7名（へき地等級3級）だった。しかし、中学卒業後、生徒の多くは高校進学もしくは就職により彦根などの市街地に出ていき、その多くは市街地で根付いていった。製炭業の衰退と相まって、昭和44年、小学校、中学校分校はともに休校となった（閉校は平成5年）。

昭和47年には多賀町役場脇ヶ畑支所が廃止になり、同時期、診療所が閉ざされ、昭和49年には郵便局も閉ざされた。多賀町では移転地として木曽《きそ》団地の造成を行い、利子補給貸付金制度の受け皿を発足させて、下山の促進に努めた。保月では個別移転が大半で、主な移転地は彦根市、多くの親世代が電機工場などに就職した子世代の家々に移転した。

下山を頑固に拒む老婦人もいたが、やがて冬はただ一人で集落に残ることになった。昭和51年冬のある日、この老婦人を急病が襲った。老婦人は電話で助けを求め、二台のヘリコプターが保月に向かい救出作業を行った。この年以降、保月は冬季無住集落になった。

出船山照西寺《しょうさいじ》について

照西寺は浄土真宗本願寺派の寺院で、阿弥陀如来《あみだにょらい》画像を本尊とする。戦国時代の末期　元亀《げんき》元年（1570年）、織田信長は顕如《けんにょ》が率いる大坂の石山本願寺を攻撃した。この年、保月を含め、湖東地方の多くの寺院が本願寺援助のため天台宗から浄土真宗に改宗した。

保月の寺院に「出船山《しゅっせんざん》」という山号、「照西寺」という寺号が与えられたのは、江戸時代中期 寛延元年（1748年）のことである。

脇ヶ畑郵便局（正面左）と町役場支所（昭和30年代）

脇ヶ畑生産森林組合について

脇ヶ畑生産森林組合は、昭和41年8月、個別の製炭業から組合による造林業への転換を目指して、昭和41年8月に設立された。同11月には彦根市・犬上郡営林組合との間で契約が結ばれ、翌年からはスギ、ヒノキなどの計画的な植栽、伐採が行われた。旧脇ヶ畑村の山林所有者は森林組合に出資し、一括して営林組合に貸し付けることで、山林収益の分集を期待した。

営林組合は保月に雇用の場を生み出し、交通の整備によって山林の管理もしやすくなったが、その労働条件は工場勤務に比べると不利だった。

冬季無住化から通年無住化へ

平野部から離れた山中の保月において、車道の機械除雪は行われたことがない。積雪期に山から平野部に下りるには、雪道を歩く以外に手立てはなかった。かつての保月のような冬ごもりの暮らしは、昭和50年代前半には終わっていたと思われる。山間部での機械除雪の一般化がもう少し早ければ、保月の歴史は変っていたかもしれない。

『脇ヶ畑史話 追補』(多賀町公民館刊)によると、昭和60年の保月の夏期居住戸数は6戸とある。すべて高齢者世帯で、営林組合へ勤める者もいるが、年金生活の者が多い。夏でも涼しい保月での暮らしは、高齢者には魅力があるものだった。

平成期に入り、木材価格の低迷などにより、営林組合は間伐等の仕事を発注しなくなり、高齢化の進行も相まって、人の姿は減っていった。そして平成22年、耕作を行いながら夏期に居住していた2戸も住まなくなって、保月は通年無住化した。

生産活動、居住がなくなってからも、自治区 保月は存続し、コミュニティーは保たれている。八幡神社では春まつり、秋まつりが行われ、照西寺では法要、関ヶ原戦跡踏破隊との交流、保月を愛する会が行われている。定期的な清掃活動も行われる保月には、昔ながらの穏やかな集落の風景が残っている。

故郷を愛する会（保月を愛する会）について

故郷を愛する会は、京都・大阪へ移り住んだ出身者が、「いつまでも故郷を忘れないようにしよう」という集まりで、昭和48年にできた。その後、彦根、多賀に住む出身者も加わり、昭和60年現在、55名となった（地域別には、京都11、大阪13、彦根21、多賀9、東京1）。

＊　＊　＊

故郷を愛する会　会則（抜粋）

趣旨　保月を愛し、本村発祥以来の由緒ある伝統を継承し、その発展を期することを目的とす。

会員　保月在住者及び出身者（二、三世を含む）を以て構成する。

・保月以外の方も役員の判断にて入会することを得る。

事業　村の発展と会員の親睦を計るため、毎年一回、保月村にて総会を開催する。

・保月村以外においても総会を開催することがある。

会費　一年一千二百円とし、総会に欠席した場合も返金しない。

役員　本会は本部を会長宅に置き、会長1名、副会長若干名、会計1名、監査1名を置く

・役員の任期は二か年とする。

寄付行為　寄付を受けることができる

以上（昭和48年現在）

＊　＊　＊

平成18年、会は関心がある方が参加しやすいように「保月を愛する会」と改称した。近年、参加者のうち約半数は元住民以外である。平成30年の総会は8月12日に照西寺で行われた。

筆者と保月（旧脇ヶ畑村）との出会い

筆者が初めて保月を訪ねたのは、平成12年（2000年）7月21日（金）、この旅では大阪・堺の実家からのバイクで、鈴鹿山麓の廃村をめぐった。

多賀大社前駅からバイクで八重練《やえねり》からの杉坂を上ろうと思ったが、歩くのがやっとという道で断念。栗栖からの細い県道を上っていくと、やがて杉に到着した。地形図では6か所から道が集まってきているので、人はいると予想していたが、正真正銘の廃村だった。集落跡を散策すると、茅葺き屋根の家屋、「公明《こうみょう》寺之跡」という石碑があり、寺の建物は塾のサマースクールに使われているとのこと。また、小さいながらも畑もあった。

杉に続いて到着した保月では、まず神社と「脇ヶ畑小学校跡」という碑、学校跡の建物を利用した公衆便所が見当たった。学校跡にバイクを停めて探索すると、存在感がある寺（照西寺）と二階建ての半壊した建物にたどり着いた。半壊した建物に入ってみると、保険年金、為替貯金と書いた窓口の板があり、ここが郵便局だったことがわかった。建物の別の入口から入ると事務室、診療所、囲炉裏がある宿泊室があり、残されていた書類などからここが旧脇ヶ畑村村役場（多賀町役場保月支所）だったことがわかった。

照西寺の近くに窓が開け放たれた家があり、この家の方（宮田さん）にご挨拶をして、村の話をうかがうと、「保月に定住する人はゼロで、夏の間など気候のよいときのみ彦根市などから小人数やってくる」、「今日は寺の修繕の用事を兼ねて彦根からやってきた」、「寺の下の建物は教職員住宅だったこと」など、いろいろな話を聞かせていただいた。紹介を受けて昼食休みをとった照西寺の軒先は風が通って涼しく、ひとしとき昔の村の様子を偲ぶことができた。

権現谷《ごんげん》を挟んで向こう側にある五僧にも足を運んだ。谷からは歩いて坂を登るしか道はなく、静まり返っていることが予想したが、道路工事のため非常に埃っぽく、家屋の軒すぐのところにパワーショベルが走っていた。

郵便局跡の建物が壊れながらも残っていた（平成12年7月）

1年後、歩いて保月を再訪する

平成13年（2001年）6月30日（土）、保月を再訪したときは、多賀大社前駅から歩いて出かけた。八重練からの杉坂を上ろうと思ったが、10分ほどで道がわからなくなって断念。栗栖からの細い県道をゆっくりと上っていくと、やがて杉に到着した。光明寺跡で休んでから覗いてみた廃屋は、静寂に包まれていた。前回は気が付かなかった神社（春日神社）は、光明寺跡から県道を挟んだ反対側の高台にあった。

保月にたどり着いたときは、午後3時を過ぎていた。旧村役場兼郵便局跡の建物は取り壊されていた。

平成13年現在、保月に春から秋にかけて常住しているのは3戸5名。「あけぼのパーク」の職員の方に紹介いただいた筒井庄次さん（大正2年生まれ）の家は県道の裏手の高台にあり、ご挨拶に伺うといろいろなお話を聞かせていただいた。

郵便配達で届けられる新聞、梅雨時にしてストーブが心地よい気候は、ここが別天地であることを感じさせる。筒井さ

江戸時代建立の茅葺き家屋が使われていた（平成13年6月）

んの印象に残ったのは「隣の家屋は、蚕を飼うために新しく作った」との言葉だ。「蚕って、戦前の話ですよね」と尋ねると、筒井さんは「そうだ、この母屋は明治より前から建っているんだ」と答えられた。このやり取りで筆者は「暮らしがある昔の木造家屋は丈夫なものなんだなあ」と思った。

母屋には、五右衛門風呂、玉音放送が聞こえてきそうなラジオ、電気が通じる前（昭和25年以前）に使われていた石油ランプなどがあった。

そして令和となり、2年続けて保月を訪ねる

世は令和になり、筆者は『日本廃村百選』で保月を取り上げたくなり、多賀町役場の方に問い合わせて、区長の辻本増男さん（昭和23年生まれ）を紹介していただいた。

令和元年（2019年）6月24日（月）、筆者は彦根駅で辻本さん達と待ち合わせ、18年ぶりに保月を訪ねた。クルマで連れて行っていただけるのはありがたいが、杉は通過するしかなかった。

照西寺で行われた取材では、辻本さん、長らく区長を務められた辻中清一《きよかず》さん（昭和18年生まれ）、広報に携われる吉田辰男さん（昭和27年生まれ）から、いろいろお話をうかがった。高校進学のため保月を離れ、彦根近辺のメーカーに就職して、昭和30年代後半の燃料革命のため

製炭業を生業とする暮らしが成り立たなくなった両親世代も次々に保月を離れてメーカーに就職、市街地に居を構えた。そして定年を迎え、保月に係わる機会が増えたというのは、世代が違う3人だが共通しているという。

取材の後、辻本さん、吉田さんとともに探索した保月では、なじみがあった教職員住宅はなくなっていたが、照西寺、八幡神社は綺麗に管理されていた。神社のそばには辻本さんの別宅があって、前庭には皆で過ごせる机が置かれていた。

＊　＊　＊

そして令和2年（2020年）3月22日（日）、筆者は米原駅でクルマを借りて、辻本さん達が過ごす保月へと向かった。米原—保月は20㎞、杉坂での離合や杉の探索などで時間を取ったが、1時間半で到着できた。

学校跡の駐車場には3台のクルマが停まっており、神社脇の辻本さんの別宅前庭では、辻本さんと奥さん、辻

照西寺、鐘楼と教職員住宅のガレキ（令和元年6月）

中さん、吉田さんが机を囲んで談笑していた。挨拶をして、輪の中に加わると、奥さんはコーヒー、サツマイモ、ういろうなどを用意してくれた。山の空気の中一服できると、幸せな気持ちになる。

辻本さん夫妻は休日を中心に保月に来て、作業をしながら、なじみの方を迎えながら一日を過ごされるとのこと。例えば初対面の山登りの方でも「こんにちは」と挨拶があって、会話ができると「一服していきますか」と、つながっていくようだ。

「山の作業にはどんなことがあるのですか」と尋ねると、吉田さんは「来客に整った姿の故郷を見てもらいたいから、草刈りや清掃は日常的に行っている」と話された。辻本さんは樽を用意して、蜂蜜の採集も行われているそうだ。

自治区保月の総会は毎年2月に実施され、年間の行事や役員人事などが行われる。近年は「ムラをどうたたんでいくか」が議題になる。整然としているお寺や神社だが、「寺をたたむことがいちばんたいへん」と区長の辻本さんは話された。

単独で集落跡をひと通り歩くと、傷んだ閉ざされた家屋や、枯れ草の中、フクジュソウの黄色い花が彩りを添えていた。神社にご挨拶した後、皆の集いに戻ると、鍋尻山から下りてきた4人組の方々と出会った。リーダーの山下紘一《こういち》先生は彦根市内の開業医で、保月近辺の山に通われて30年という豊富な経験を持ち、メンバーは先生の誘いでなじみになられたとのこと。集落や山の植樹やシカ除けネットづくり、さらには複数名でのまつりへの参加など、保月の今の賑わいに重要な役割を果たしている方ということがわかった。

＊　＊　＊

筆者はこの日、杉を含めて5ヵ所近隣の廃村（五僧、霊仙落合、屏風、明幸）を訪ねたが、地域の方の姿があるのは保月だけだった。霊仙落合では登山の方々と出会ったが、接点をもてそうな感じはなかった。高原上にあって地形的に明るいということもあるが、保月の明るい雰囲気は全国的にも特筆すべきものといえる。

辻本さんをはじめとする地域の方々、山下先生をはじめとする訪問者が今を楽しむ場所として活用していること、そこにゆるやかな結びつきがあることが、明るさに結び付いているように思った。

【令和2年3月22日（日）取材】

辻本さん、吉田さん、辻中さん、辻本さんの奥さん。保月の別宅前庭でひとときを過ごす

平家伝説のまつりを続ける想い

14 山口 向畑《むかいばた》

山口県岩国市錦町広瀬字向畑
戸　数　26戸（昭和33・7）
移転年　平成10年（１９９８年）頃
個別移転【農山村】

向畑は安芸灘に注ぐ錦川中流域の山腹にあり、分校跡の標高は３５５ｍ、錦町中心部から７km（クルマで20分）である。平家（広実左近頭《ひろざねさこんのかみ》）の落人伝説があり、左近桜、広実申し（神楽の舞がある祭り）など、伝説にまつわる史跡や文化がある。

平成22年春、筆者はＮＨＫ総合ＴＶで放映された「にっぽん紀行―ひとり桜の里で」で「廃村千選」山口県にリストアップされていた向畑が登場したのを観た。このことをきっかけに、向畑に平家ゆかりのサクラの老大木、６年に一度行われる伝統のまつりがあることを知った。廃村となった集落で、伝統のまつりを続けることは並大抵のことではないはずだ。そこにはどのような想いがあるのだろうか。

向畑のあらまし（広実申しと左近桜）

向畑地区は惣田《そうた》、谷《たに》、延ヶ原《のぶがはら》、黒ヶ谷などの小集落からなる。太平洋戦争の頃には３００名が住んだが、過疎の進行により、昭和60年には60名、平成10年には３人に激減した。同18年頃には、左近桜や広実神社がある惣田、分校跡がある谷の数戸の家々はすべて無住化した。

寿永４年（１１８５年）、屋島の合戦に敗れた平氏は、赤間ヶ関に逃れ、源平最後の決戦（壇ノ浦の戦い）が行われた。平氏の武将 広実左近頭定国《さだくに》は、屋島で負傷し、家臣74名とともに山陽路を通っている中で、壇ノ浦の戦いの敗北を知った。落武者となった左近頭らは、錦川をさかのぼり前人未踏の地、向畑地区に逃げ延びた。

広実一族は、源氏の追手から逃れるために、姓を森田、河村、藤村などと名乗った。一族の広実四郎左ェ門は、近隣の須万《すま》地区の北山、高野、田原などを開拓した。

江戸時代初期（16世紀半ば）からは、向畑、須万の両地区の間では、顔を合わすことがなくなった一族の無事を確

向畑の地形図（「地理院地図」Webより）

向畑・藤村守さん宅で広実申しが行われた（昭和53年11月）

認したり、日頃言えない一族の素性を語り合ったりするために「広実申し」という行事（まつり）を始めたと伝えられている。広実申しは、6年に一度、向畑地区では午年に、須万地区では子年に相手の地区を招待して開催される。

大飯が振る舞われ、神楽の舞や鐘の音などで客人を寝かさない接待が行われる賑やかなまつりは、男衆のみで夜を徹して行われる。

また、向畑には「左近桜」と呼ばれるエドヒカンザクラの大木がある。広実左近頭が住みついた当時、記念に植えた桜とされる。樹齢800年を超える根本回り6m・樹高20mの老大桜は、山口県の天然記念物に指定されており、毎年4月初旬頃、春の訪れを知らせる花が咲く。

「広実左近頭神楽団」の新聞記事

平成11年（1999年）9月発行の中国新聞には「平家落人伝説　脈々と」という見出しで、

向畑の「広実左近頭神楽団」についての記事が掲載されている。以下、その部分を引用する。

＊　＊　＊

徳山市境にある錦町向畑は、平家の武将、広実左近頭の一族が移り住んだ場所とされる。地区には「広実左近頭神楽」が残るが、かつて20人程度いた団員も今では5人に減り、12の演目を夜通し舞った勢いは失われつつある。

残る民家も、藤村守団長（82歳、大正5年生まれ）方一軒のみ。「私らの地域の伝統を絶やしたくはない。何としても引き継ぎたい」と、伝統文化の継承を団員に託す。

筆者と向畑との出会い

平成23年（2011年）4月24日（日）、筆者は初めて向畑を訪ねた。この年、サクラは全国的に遅かったため、「標高360mの向畑のサクラが咲くのは4月下旬だろう」と想定した。

平成22年（2010年）4月29日（木祝）オンエアのNHK総合TV「にっぽん紀行」は、「向畑は平家伝説がある秘境で、昭和20年頃は約300人が暮らしていたが、今はおばあさん（藤村キヌヨさん、大正9年生まれ）が一人暮らすのみ。その中で、左近桜は春には変わらず咲き続けている」「ご子息（藤村緑さん、昭和24年生まれ）は、お母さんのために毎日広瀬から向畑に通って、食事や身の回りの世話などをしている」と紹介している。

当日、広瀬の宿での起床は朝6時半、天気は晴。探索仲間の榊原幸春さん（島根県在住）と一緒に朝食をとりながら「左近桜を見に行きます」と話すと、宿のおかみさんは「向畑への道は狭くて危ないから」と電話をかけて、藤村緑さんを紹介してくれた。

藤村さんの軽トラとともに、国道４３４号から入った狭い市道には「↑左近桜」という看板が立ち、ＴＶのこともあって訪ねる観光の方が居る様子だ。ガケに沿った狭い市道を走ると、やがて見えてきた左近桜には葉が芽生えていた。藤村さんから、「左近桜の満開の時期は、昨年は４月３日頃、今年は４月12日頃」と教えていただいた。

藤村さんにお礼を言って分かれ、広実神社にお参りをしてから、来た道を少し戻り、分校跡を目指した。広瀬小学校向畑分校は、へき地等級１級、児童数24名（昭和34）、明治12年開校、

無住となった藤村さん宅と、旧向畑分校校舎（平成23年4月）

昭和47年閉校。向畑の分校跡の建物は、藤村さんの元の家屋とともに、しっかりと残っていた。ただ、平成19年6月に訪ねている榊原さんは「4年の間に、家屋はずいぶん崩壊が進んだ」と話された。

谷に移転して4年目頃の向畑分校（昭和37年頃）

分校跡の建物の入口には「向畑書道館」、「広実左近頭神楽団」という貼紙がある。建物の中には、昭和天皇・皇后両陛下の写真（皇太子ご成婚の頃）、年度ごとに描かれた卒業生の自画像、往時の向畑集落の戸数、住宅の配置図、神楽団が神楽を舞う練習の様子を記す新聞などが残されていた。卒業生の自画像の中には藤村緑さんのものもあって、昭和37年卒業とあった。

後のやり取りで、筆者は藤村さんから往時の向畑の写真と、広実申しのビデオを貸していただいた。

向畑には、平成24年4月7日（土）にもサクラを目指して訪ねている。昨年は葉桜だった左近桜だが、この年はまだ咲いていなかった。しかし、黒ヶ谷の別宅で藤村キヌヨさんと話ができて、緑さんに延ヶ原の旧向畑分校跡地へ案内していただいて、満足することができた。跡地校庭には「庭園合作」と記された石碑が横たわっていたが、昭和10年代のものということ以外、何を意味する碑かはわからなかった。

取材をする中で、藤村さんは「次回（平成26年11月）の広実申しは、この別宅で行う」と話された。

そして、8年ぶりに藤村さんと左近桜に会いにいく

令和2年（2019年）4月4日（土）、筆者は友人の二木徹《ふたつぎ》さん（東京在住）、亀山尚雄《ひさお》さん（山口県在住）とともに錦町に出かけ、8年ぶりに藤村緑さんと再会した。日程は左近桜が満開の頃にあわせて調整したが、新型コロナウイルス感染拡大の影響で、緊張感を伴う取材となった。なお、4月7日（火）には国による緊急事態宣言が発令されている。

向畑の取材は、錦町駅から左近桜までの往復の車中と藤村さんの別宅で行った。藤村さんは中学卒業まで向畑に住み、高校卒業後、郵便の業務を経て、岩国の石油コンビナートの会社にクルマで1時間ほどかけて通われた。休日には向畑の山に入り、手入れをしたり、狩猟でイノシシを撃ったり、川で魚を釣ったりと、自然に親しまれていた。

「伝統のまつりを残したい」は普遍的な気持ちだが、「実際に携わる方はたいへんではないか」と思い、尋ねてみたところ、やはり「どのように運営するか」はたいへんで、事前の打合せでは存続をどうするかも議題になるらしい。

まつりへの参加は少人数の男衆に限られ、子年の今年11月は向畑の代表者が須万地区の者の接待を受ける。男衆はみな袴姿で参加する。向畑での実施は平成14年までは藤村さんの旧家、平成26年は別宅で行われた。藤村さんは今年の会が4回目（初回は客人の案内役）、女性は参加できないので、婿の方か従兄弟の方の参加があるが、事情に詳しい従兄弟の方のほうがなじみやすいとのこと。また、神楽の舞は藤村さんのお父さんの代で途絶え、徹夜で続いたまつりも午前3時頃にはお開きになるという。

三度目の左近桜は青空の下、満開で迎えてくれた。藤村さんは草刈りを欠かさず、「そばの若いサクラは見栄えをよくするため昨年片付けた」と話された。

三度目の向畑、満開の左近桜に迎えられる（令和2年4月）

18年前には広実申しが行われた旧家は屋根が落ち、近くの分校跡校舎も傷みが進み、立ち入れなくなっていた。自然に朽ちるのは仕方ないが、不要なものを捨てにくる者かいるという。「ものを捨てない、持ち帰らないは、守ってほしい」と強く思う。

分校の先生は錦川沿いの県道のバス停から山道を片道30分上り下りして通われた。山道は町へ向かう大人も川遊びに出かける子供達も使ったが、今はたどれなくなっている。

別宅の庭にはサクラの花が咲き、庭からは錦川の流れを見下ろすことができる。別宅は藤村さんがご自身で建築されたもので、敷地には炭焼き窯がある。蜂蜜の採集をしたり、仕留めたイノシシを解体したりもするとのこと。

黒ヶ谷の別宅には、新聞記事や写真が貼られている

壁には写真や新聞記事が貼られていて、近年の広実申しの様子を垣間見ることができる。「広実申しを守る会」は、須万地区北山の方を中心として運営されている。「年々形式的なものになってしまって」と藤村さんが話されたので、「いつ頃から

だと思いますか」と尋ねると、「昭和41年頃からかな」と答えられた。それは高度経済成長期、伝統的な山村の生活が立ち行かなくなった頃と重なる。江戸時代初期から続くと伝えられる祭りは、暮らしの終焉とともに断ち切れたのかもしれない。

＊　＊　＊

目まぐるしく時代は移り変わり、左近桜がいつまで咲くのか、広実申しがいつまで続けられるのかは誰にもわからない。その中で「伝統のまつりを守りたい」という藤村さんの想いは、別宅を建てて向畑におけるまつりの場を新たに作ったことに凝縮されているように思った。

次回の向畑での広実申しは、午年、令和8年11月に行われる。なお、6年は数え年で7年なので、向畑、須万地区では広実申しのことを「7年祭り」とも言っている。

【令和2年4月4日（土）取材】

藤村緑さん。桜が咲く別宅の庭にて

千人住んだ村、二つの想い

15 愛媛 石鎚村《いしづちむら》

愛媛県西条市小松町石鎚
戸　数　２１５戸（昭和30）
移転年　平成26年（２０１４年）
個別移転【農山村】

石鎚村は西日本一の標高を誇る霊峰石鎚山の北麓、燧《ひうち》灘に注ぐ加茂川中上流域にあり、学校跡の標高は２７５ｍ、ＪＲ伊予西条駅から22㎞（クルマで45分）である。昭和30年に小松町と合併するまでは周桑《しゅうそう》郡石鎚村という行政村だった。学校は加茂川沿いの土場にあった。

筆者の調べでは、戦後にあった行政村の廃村は、岐阜県揖斐《いび》郡徳山《とくやま》村、滋賀県犬上《いぬがみ》郡脇ケ畑《わきがはた》村など全国で９ヵ所あるが、石鎚村には構成する小集落が22ヵ所もあり、その全容を把握するのは難しい。令和４年現在、石鎚村に住まれるのは、河口《こうぐち》・関門旅館の曽我部《そがべ》孝江《たかえ》さんただひとり。平成26年までは中村に曽我部正喜《まさよし》さん夫妻が住まれていた。このお二人に、「住まなくなっても守りたいものは何でしょうか」と尋ねる機会を得た。

石鎚村のあらまし／歴史年表

江戸期、石鎚村（旧千足山村《せんぞくやま》）は小松藩（藩主は一柳氏《ひとつやなぎ》）の領で、上納材としてスギ、ヒノキを納めた。村の主要部（加茂川上流域）は、石鎚山系と手前の横峰山系に挟まれている。横峰山に建つ横峰《よこみね》寺は四国霊場八十八カ所の第60番札所で、小松・大頭《おおと》からかつての村の入口に位置した湯浪を経て横峰寺、石鎚神社へと通じる山道は、「お山道」と呼ばれ、村人をはじめお遍路さん、参拝者、修験者など、多くの人々が歩きたどった。

小松―星ヶ森峠―槌ノ川《つちのがわ》の山道では、駄馬《だば》輸送（馬の背に貨物や人を乗せた輸送）が行われ、村唯一の輸送機関だった。星ヶ森には横峰寺別院があり、峠からは石鎚山を遠望できる星ヶ森峠から加茂川の流れを渡り、石鎚神社に通じる山道（黒川道《くろかわ》）の途中にある黒川の家々は、毎年7月1日から10日まで行われる大祭で全国から集まる参拝者が泊まるための季節宿を営んだ。石鎚山が漁のときの目印となったため、参拝者には漁業関係者が多くいたという。

明治以後は「加茂の荒獅子」Ｗｅｂの石鎚村ページにならい、歴史年表としてまとめる。

＊　＊　＊

明治5年（1872年）　村内各集落で寺子屋式教育始まる。

明治18年　闡明《せんめい》小学校開校（槌ノ川）。財政が厳しい山村に学校開設は大きな負担だった。

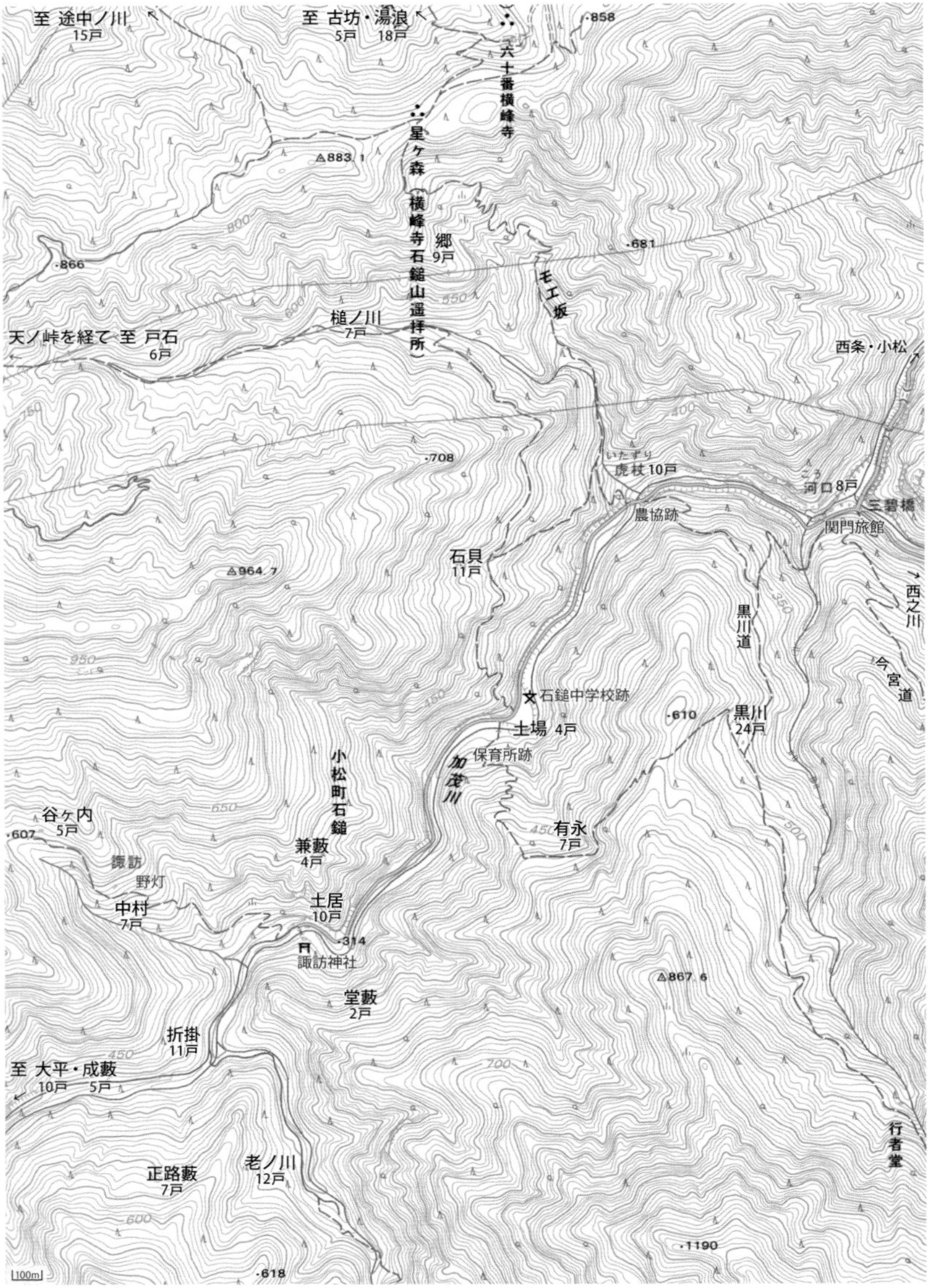

石鎚村の地形図（「地理院地図」Webより）

明治20年　就学不良により闡明小学校閉校。途中ノ川《とちのかわ》、黒川に簡易小学校開校
明治22年　千足山村発足（村役場は槌ノ川）
明治23年　財政難により黒川校閉校（家庭教育所へ）
明治25年　途中ノ川校閉校。村長の願い出により小学校設置義務免除地となる（明治41年まで）
明治38年頃　住友林業の事業所が老ノ川《おいのかわ》に置かれ、広域の山林で林業を行う。
明治41年　県の補助を受け、千足山尋常小学校開校（本校途中ノ川、分教場土居《どい》、郷《ごう》、黒川）
大正11年　千足山村信用購買販売利用組合、槌ノ川に設立。村の金融機関の役割を担う。
大正12年　小学校本校、途中ノ川から郷に移転
大正14年　加茂川沿いに県道大保木《おおふき》丹原線が土居まで開通。土場《どば》からの川流しによる木材搬出は、道路輸送へと替わった（当初は馬車輸送が主）。信用組合が槌ノ川から虎杖《いたずり》へ移転。河口《こうぐち》には石鎚山礼拝者・登山者向けの宿屋ができた。
昭和初期　住友千野々《ちのの》水力発電所（村東隣の大保木地区）から、村への通電が始まる。
昭和４年　小学校本校、土場へ移転。郷本校、黒川、土居分校廃止（本校はのち石鎚小学校）
昭和12年　石鎚郵便局開局、石鎚電信電話所設置（河口）
昭和19年　千足山村役場、槌ノ川から虎杖へ移転

昭和22年　千足中学校開校（のち石鎚中学校）。この頃から、物資輸送用の索道が発達
昭和23年　信用組合が千足山村農業共同組合に改組（のち石鎚農協、周桑農協取扱所）

閉校後7年目の石鎚中学校跡校舎（昭和59年）

昭和26年　千足山村が石鎚村に改称
昭和30年　石鎚村、石根《いしね》村、小松町が合併、小松町となる。石鎚公民館落成
昭和40年　石鎚駐在所廃止、有永《ありなが》離村。以後、各集落の離村が進む。
昭和42年　石根小学校途中ノ川分校閉校
昭和44年　石鎚保育園廃園
昭和45年　石鎚森林組合廃止
昭和52年　石鎚小学校・中学校閉校。小松町役場石鎚出張所廃止
昭和56年　石鎚郵便局廃局
平成元年頃　周桑農協小松支所石鎚取扱所休所
平成7年（1995年）　石鎚公民館廃館

石鎚村における際立った過疎の実態

石鎚村の過疎の進行状況は『過疎地域の変貌と山村の動向』（大明堂刊）に克明に記されている。その要点をここに掲載する。平成13年（2001年）春、筆者はこの資料を探し出したことで、石鎚村のことを知った。

＊　＊　＊

愛媛県東部、小松町に合併された石鎚地区は、その人口激減ぶりに驚かされる。1889（明治22）年の町村制実施時は千足山村という一つの行政村をなしていた。1951年村名は石鎚村と変更され、55年小松町と合併した。山一つ隔てる小松町と合併したのは、この地区の林産物が藩政時代から山越えの峠道を通って搬出され、旧来小松町の経済圏となっていたこと等による。

村域の加茂川の谷底に沖積平野はまったく見られず、集落と耕地は狭小な山腹斜面に立地していた。明治・大正年間の住民は、焼畑耕作による自給で作物を、楮《こうぞ》（和紙の原料）、茶、棕櫚《しゅろ》（主に縄の原料）、用材などの林産物の搬出で現金収入を得ていた。大正中期（第一次世界大戦後）には、木材ブームにより空前の好景気になるが、商品経済に不慣れな山村住民は、林野の多くを下流の製材業者等に売却した。以後の住民の生業は、外部の山村地主の林野で焼畑小作と、下流の製材業者等に雇用される山村労務になった。

石鎚地区の人口は、明治・大正年間は200世帯、1300~1400人程度で推移している。1955年には215世帯1189人であったが。高度経済成長期に入るとともに急激に減少し、60年には186世帯898人、85年には15世帯27人と、村全体が無住化していった。住民の離村先は、小松町、丹原町方面が多い。移転の形式は個別移転が中心だが、小松町北川には集団移転地（石鎚団地）がある。離村後の住民の生業は、工場勤務、土木建築業が多い。

石鎚地区の人口の急減は、近代的農業の推進ができなかったこと、林業が不振となったこと、自動車も通らない交通不便な小集落が多かったこと等があげられる。

典型的な山村である石鎚村が都市域にある小松町が合併することにより、公共施設が次々と消滅していった。村役場、森林組合等などが消滅することは、住民を組織し、山村の再開発を推進する主体を喪失することであった。小松町内の一地区は法的に「過疎地域」に指定されないため、公的な補助事業を受けることもできなかった。

＊　＊　＊

地形図を見るとわかるように、石鎚村は広い範囲に小さな集落が散らばってできている。このうち河口、虎杖は県道開通により、土場は学校移転によりできた新しい集落で、他はおおむね数百年の歴史がある。全22の小集落からなるが、案内図には16しか掲載できなかった。図内の戸数は、星ヶ森より南は「電信電話綜合地図 高知9」（昭和37）、北は同地図「高知1」（昭和35）による。米作を行わない焼畑耕作による自給自足的な生活では、広い耕作面積が必要だったから、小さな集落が散らばることになったのであろう。

筆者と石鎚村との出会い

平成16年（2004年）5月1日（土）、初めての石鎚村には、妻の2台のバイクツーリングで出かけた。早朝に東予港着のフェリーを降りて、宿泊する河口の「関門旅館」を訪ねると、ご主人（曽我部森雄さん）は、昨夏に足を痛めてキャンセルした妙な旅人のことを覚えていてくれた。大きな食堂から、例年7月1日から10日まで行われるという石鎚神社大祭のときには大人数の方が来られることが想像された。

午前中には石鎚神社参拝道のひとつ今宮道《いまみや》を歩いた。今宮道には、今宮という参拝客が泊まる季節宿がある集

石鎚村河口・関門旅館前にバイクを停める（平成16年5月）

落があった（所在は大保木地区）。しかし、昭和43年に石鎚登山ロープウェイが開通した後は急速にすたれ、昭和59年に廃村となっている。

石鎚村には一度関門旅館に戻って昼食休みをとった後に出かけた。宿から5分ほどで農協跡の建物が見当たった。かつての石鎚村役場所在地　虎杖《いたずり》で、18戸81人（昭和35）が4戸7人（昭和62）だが、人の気配はまったくない。関門旅館のご主人によると、農協跡右隣の駐車場が村役場跡とのこと。

虎杖から3分ほど進むと、車道の左手に小中学校跡の門柱が見えてきた。「土場」という地名は、木材集積場に由来する名称なのだろう。石鎚小学校は、へき地等級2級、児童数１４８名（昭和34）、明治41年開校、昭和52年閉校。学校跡には給食の調理室だったという建物が残り、その隣には鉄棒などの遊具があった。その横前には「皇太子殿下御降誕記念　昭和十年」という石碑が建ち、養魚所の跡が残っていた。

石鎚村土場・石鎚小中学校跡の門柱と建物が残る

学校跡（土場）から3分ほど進むと、道沿いに数戸の廃屋が見え始め、整った神社（諏訪神社）に到着した。ここが土居で、15戸98人（昭和35）が1戸1人（昭和62）。神社から先の道は未舗装で、登山用の伝言箱もあった。筆者はオフロード車だが妻はオンロード車。このため土居にバイクを置いて、少し山道を登ったところにある中村《なかむら》を目指すことになった。

中村（奥の谷《たに》ヶ《が》内《うち》を含む）の規模は、13戸96人（昭和35）が2戸5人（昭和62）。向かう山道の周りは畑となっており、10分ほど歩いた石垣の上にある廃屋の庭からは、明るくて綺麗な山村の風景を見下ろすことができた。石垣上の廃屋の庭で、妻は「こんな綺麗な景色の中で暮らせたらすごい贅沢やなあ」と話していた。石垣の廃屋を過ぎると薄暗いスギ林となり、林に埋もれた廃屋から先には進まなかった。

この山道の先に、平成26年の移転まで曽我部正喜さん夫妻の家（屋号は大西）があったことを、訪ねてから数

石鎚村土居・石垣の上にある廃屋の庭で一服する
（人物は筆者の妻 恵子）

年後に知った。また、このとき中村にあると思っていた石垣上の廃屋だが、所在地は土居（屋号は上屋敷）ということが、記事をまとめていてわかった。

取材旅の流れで、三たび石鎚村を訪ねる

二度目の石鎚村には、平成29年（２０１７年）春に出かけているが、このときは探索仲間の上野友治《ともじ》さん（「加茂の荒獅子」Ｗｅｂ管理者）とともに湯浪《ゆうなみ》、途中ノ川を訪ねただけだった。三度目の石鎚村は、平成30年（２０１８年）秋、中心部（河口、虎杖、土場、土居）を単独、レンタカーで訪ねた。

平成30年11月４日（土）、石鎚山ロープウェイ乗場近くの西之川 京屋旅館を早朝に出発し、今宮を再訪した後、訪ねた虎杖の農協跡の建物は、14年経過して荒れが進んでいた。土場の石鎚小中学校跡、門柱は健在だったが、ガードレールが張られて、階段で校庭へ降りられる雰囲気ではなかった。門柱のそばには、なぜか木彫りのフクロウがいた。校庭に降りたところ、午前9時過ぎにもかかわらず陽は差しておらず、加茂川の谷の険しさが感じられた。

土場では学校跡とともに、この機会に行っておきたい場所があった。それは川を渡った先にある石鎚保育所跡で、往時の建物が残っているという。

欄干がない古い橋を渡り、崩落箇所を回避しながら山道を進むと、道の右手に、ひと目でそれとわかる保育所跡の門柱と建物が見つかった。保育所跡の建物にはまずまずの規模があり、外壁を追いかけているうちに「石鎚養蚕組合」という標板を見つけた。外付けのトイレには、まとまった数の便器が残っていた。保育所以外にも公共施設が入っていた様子だ。保育所の閉所は昭和44年。「保育所と養蚕組合は同居していたのかな」と思ったが、後の調べで、閉所後に養蚕組合が入り、事務所を兼ねた種蚕の飼育場として使用していたことがわかった。

このときは『日本廃村百選』で取り上げる今宮もしくは石鎚村の取材のための旅をしていた。取材先の宛はなかったが、京屋旅館で知り合った西条市在住の楠正光さんは西条の山村に詳しく、楠さんの友人の伊藤綱男さんに今宮生まれのおばあさん（伊藤幸《みゆき》さん）を紹介していただくことになった。

スギ林の中、石鎚保育所跡の門柱と建物（平成30年11月）

今宮の取材は、1ヵ月少し経った平成30年12月15日（土）、伊藤綱男さんが営む電気工事店の事務所で行った。伊藤幸さん（大正15年生まれ）のとても元気な姿は、強く印象に残った。この日の夜、楠さんとともに石鎚村ゆかりの料理店「かんもん」を訪ねると、店では伊藤綱男さんが飲んでいた。みなで乾杯をしてからのひととき、女将さんの名前は曽我部孝江さん（昭和31年生まれ）ということ、ご主人が亡くなられたことなどうかがったが、あまり記憶に残っていない。

再度の取材旅で、四たび石鎚村を訪ねる

四度目の石鎚村には、令和4年（2022年）夏、石鎚神社の大祭が終わった直後に出かけた。「祭りの後ぐらいが、余韻があってよいのではないか」と思ったのだが、取材への力添えをお願いした楠正光さんから、「7月11日には神様を山から下ろす神事があるから、参加してはどうか」という提案を受けた。導かれたようなタイミングに、驚くことしきりだった。

令和4年7月11日（月）、朝6時頃、西条市街で上野友治さんと落ち合い、ロープウェイ下谷駅入口に到着。ちょうど、前神寺《まえかみ》の御神像を下ろす隊列と出会った。京屋旅館の女将さんは「3年ぶりの大祭だが、まだ賑やかさは戻っていない」と話された。ロープウェイ成就《じょうじゅ》駅で落ち合った楠さんは、法被《はっぴ》と手拭《ぬぐ》い（御山衣《おやまぎ》）を貸してくれた。石鎚神社の御神像は3つあって、

1番「仁」（玉持ち）が大保木村ほか各所への氏子担当（チームカラーは赤）、2番「智」（鏡持ち）が石鎚村担当（水色）、3番「勇」（剣持ち）が大保木村担当（黄色）とのこと。成就社での神事は、思ったよりも加わりやすく、しゃがんだ客人の頭の上を神輿が通るという決まりがあるようだった。

御神像を下ろす神輿の隊列を見送った後は、隊列に続いて楠さん、上野さん、伊藤綱男さんとともに歩く。3つの神輿がまとまってひとつのロープウェイ車両に入って下りていく様子には驚いた。

午前10時頃、河口の関門旅館で隊列はひと休みして、うどんをいただくことが一連の行事になっている。隊列・関係者は60人ぐらいいだろうか。女将さん（曽我部孝江さん）は、家族の方などとともに応対に忙しそうだ。関係の方々とともにうどんを食するひとときは、取材のチャンスのはずなのだが、石鎚村関係で往時を知る年代の方は参加されていなかった。

成就社から「智」の御神像が出発する（令和4年7月）

翌日の昼頃、改めて曽我部孝江さんにうかがったところ、「石鎚村の住民は一人になったが、山の暮らしは好きだし、元気な限りは住み続ける」、「関門旅館は、神事のときの休憩所として年に2回開けるだけだが、大祭のとき、昔なじみの方から声がかかったら受け入れることがある」、「かんもんは、西条市街での拠点を兼ねて昭和57年から営んでいる」、「休憩所の役割は、代々石鎚神社からの要請を受けてのものなので、住まなくなっても息子、娘の世代に伝えていきたい」と話していただいた。

この日の午後は「曽我部正喜さんに取材できたらいいな」と思っていて、事前に楠さんにお願いしていたのだが、楠さんに確認したところ「これから連絡してみる」とのこと。「当日のことというと、難しいかな」と思いながら、単独で西田の石鎚神社（口之宮）に参拝し、黒瀬湖の裏手から浦山小学校跡を目指してクルマを走らせていた。そんな浦

曽我部孝江さん。「かんもん」にて（令和4年10月）

関門旅館を出発する一行を見送る曽我部孝江さん

山で、楠さんから電話が入って「曽我部正喜さん、取材できます」とのこと。驚いたと同時に、とてもありがたい一報だった。

旧東予市内、玉之江駅近くの曽我部正喜さんが住む家に到着したのは夕方6時頃。曽我部さんは大正14年生まれ（当時数え年98歳）。平成12年まで養蚕を、平成15年まで黒茶（村特産の発酵茶）の栽培をして、平成26年まで自給自足で中村に暮らし、石鎚山を眺めて過ごした。晴れた日は、今住まれる長男夫妻の家からも石鎚山を臨むことができるという。

事前の備えはないに等しく、楠さんの話に頼ったまま取材が終盤に差しかかった頃、曽我部さんに「住まなくなっても守りたいものは、何でしょうか」と尋ねたところ、即座に「野灯《やとう》」という返事が来た。野灯は「常夜灯」と同じく石灯籠だが、その役割は別もので、「盆や正月、祭りのときに、神様に知らせるためにロウソクを灯した」と教えていただいた。石灯籠は、村に住まれる方々の信仰の対象だったのだ。

曽我部正喜さん、旧東予市の家にて

翌朝、楠さん、上野さんとともに、石鎚村中村を目指した。中村の野灯は、旅の前から「是非見てみたい」と思っており、曽我部さんの話をうかがい、より期待は高まった。土居の諏訪神社の駐車場から山道を歩いて30分ほどでたどり着いた野灯は、道沿いに堂々と建っていた。下から見たら４ｍほどの高さがあるが、上から回り込むと火袋（灯かりの部分）まで近づくことができる。よく見ると火袋は鉄骨とコンクリートで補修されており「昭和55年再建」と刻まれていた。筆者は手を合わせ、野灯がこのままの姿で末永く保たれることを祈った。

石鎚村中村・山道沿いに「野灯」がそびえ立つ

江戸後期（天保年間）に建てられたという曽我部正喜さんの萱葺き屋根の家屋は、中村のいちばん奥にあり、閉ざされていたが軒で一服することができた。郵便受けもそのまま置かれていて、「多くの方が、ここで一服されたんだろうなあ」と想像した。

戻り道では、18年ぶりに土居の石垣の上にある廃屋の様子を見て、土居のお堂、林道開設記念碑、土場の石鎚保育所跡、河口の石鎚郵便局跡を確認した。お堂には諏訪神社でも見たような「一金拾万円」といった献金の石碑が建っており、「集落外の者でも献金をしたら名前を刻むことができるのかな」と思った。大きな林道開設記念碑はなじみがあるが、建立時期（昭和26年）は今回初めて知った。また、石鎚郵便局跡を確認したのも今回が初めてのことだった。

＊　＊　＊

令和の世になり、石鎚山の麓に「石鎚村」という千人もの住民がいた行政村があったことは、地元 西条市民でも知らない方が多いという。しかし、そこには足を運びにくいことも相まって、夜灯、石垣、家屋、石碑、お堂、お地蔵さんをはじめ、往時を偲ぶものがたくさん残り、お山の神様に祈りを捧げるという文化がしっかりと根付いている。石鎚山の神様は、一社三ケ寺（石鎚神社、横峰寺、前神寺、極楽寺《ごくらく》）ということも、再度の取材旅で初めて知った。

類を見ない広がりをもつ石鎚村、４回の訪問で足を運んだのは22小集落のうち7つに過ぎない。多くの知人ができたこともあり、西条市・石鎚村にはまだまだ通うことになりそうだ。

【令和４年7月11日（月）～12日（火）取材】

16 高知 竹屋敷《たけやしき》

現世は歴史があってできている

高知県安芸郡北川村竹屋敷
戸　数　27戸（昭和35）
移転年　平成29年（2017年）
個別移転【農山村】

竹屋敷は土佐湾に注ぐ奈半利《なはり》川水系小川《おがわ》川上流沿いにあり、学校跡の標高は492m、土佐くろしお鉄道奈半利駅から39㎞（クルマで1時間30分）。最寄り集落 菅ノ上《すげのうえ》からでも7㎞ある。徳島県との県境に近く、阿佐海岸鉄道宍喰《ししくい》駅からは23㎞の距離にある。豊かな森林資源に囲まれており、昭和15年から昭和33年までは奈半利から野根《のね》営林署竹屋敷事業所まで森林鉄道が走っていた。

筆者は竹屋敷で注目したのは、令和3年冬、初めて訪ねたとき、多くの家々が集落跡に残っているのに人の気配がまったくなく、強くうつろな感じがしたことにある。この集落にはどんな暮らしがあったのだろうか。そして元住民の方にはどのような想いがあるのだろうか。

竹屋敷のあらまし

竹屋敷は平家の残党 林田氏が土着して開拓したといわれ、地名は林田家の屋敷に竹が生い茂っていたことに由来するといわれる。また、南北朝期に大高坂《おおたかさ》城（後の高知城）城主大高坂松王丸の一族 松崎氏が集落に入ったという伝承がある。江戸時代に国境警備のため関所が置かれ、松崎家が関所守を勤めた。

豊かな森林資源に恵まれた竹屋敷は、北川村の中でも比較的裕福で、昭和6年には松崎家が主導をして集落単独で水力発電所を開設した。戦中から戦後にかけては営林事業や製材の仕事で活況を呈し、昭和15年には魚梁瀬森林軌道竹屋敷線が通じた。戦後、集落の3・5km上流側に営林署事業所ができ、集落の1・5km下流側に松崎家が製材所を開いた。

昭和30年代前期、奈半利川に複数の水力発電所

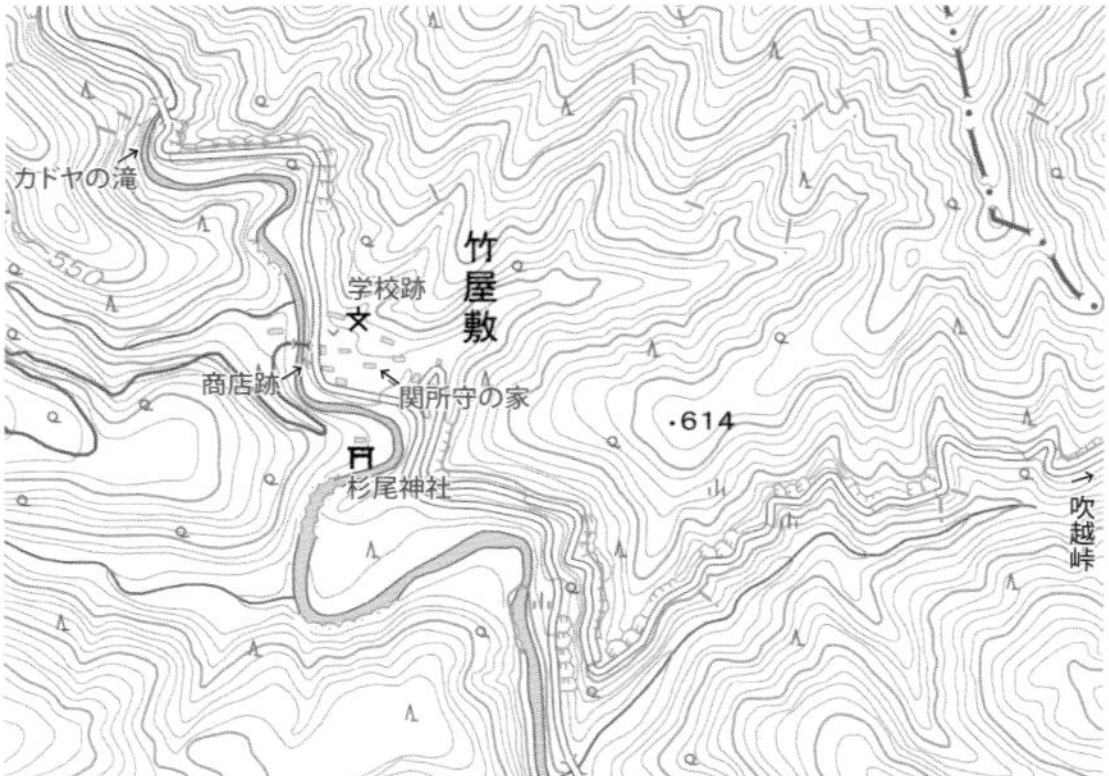

竹屋敷の地形図（「地理院地図」Webより）

（長山、二又、魚梁瀬《やなせ》）建設が計画され、あわせて森林鉄道の廃止が検討され、竹屋敷線は昭和33年に廃止となった。その後、軌道は車道として転用され、奈半利からのバスが通じた。また、昭和29年には徳島県側からの林道が開通し、一時期は宍喰からのバスの便もあった。

高度経済成長期（昭和30年代後期）、林業市場が国際的なものになったことにより国内の林業は競争力を失い、事業所は廃止となり、昭和50年には竹屋敷小学校が廃校となった。

昭和59年には7戸12名の過疎集落となっていたが、細々と平成期まで存続した。そして平成29年4月、最後の住民が転居することにより、竹屋敷は廃村となった。

筆者と竹屋敷との出会い

初めての竹屋敷は、令和2年（２０２０年）1月12日（土）、単独レンタカーで出かけた。探索仲間からは「竹屋敷には、たくさんの犬の飼った住民がいる」と話をうかがっていたが、住民がいなくなった今、どのような様子になっているのだろうか。

国道４９３号から村道に入り、菅ノ上を過ぎると路面はあやしくなって、あと１㎞ほどの場所には「全面通行止」の案内板が待ち受けていた。これは歩いて行く以外に手だてはない。

クルマを停めて歩くこと15分ほど、道には大きな問題がないまま、竹屋敷にたどり着くことができた。ただ、家々は見られるのに人の気配はまったくなく、「うつろな感じとはこのことを言うのかな」と思うほどだ。道ばたの廃車がさらにその雰囲気を高める。中心部、元商店の建物には「高知新聞　購読申込書」のホーロー看板が残っていた。「元商店の方が最後の住民だったのだろう」と思ったのだが、その想像は外れていた。

菅ノ上小学校竹屋敷分校（のち竹屋敷小学校）は、へき地等級4級、児童数47名（昭和34）、明治22年開校、昭和50年閉校。閉校年度（昭和49）の児童数は7名だった。学校跡は、商店前で分岐した枝道を上がった場所にある。水道施設がある坂を上りきると、校舎の基礎や壊れたブランコ、関係の建物が迎えてくれた。校舎の上段の関係の建物には、教員住宅のような雰囲気はなかった。

学校閉校後の竹屋敷の戸数は、6戸（平成8）、4戸（平成19）、2戸（平成22）と少しずつ減少している。住民は高齢化とともにいなくなっていったのだろう。各所に貼

竹屋敷・商店跡の建物が残る（令和2年1月）

られた地籍調査の新しいピンクリボンが、寂しい集落跡によいアクセントを与えていた。

竹屋敷の探索では、錆びついた「こどもの道」の標識、神社へ続いていた落ちた吊り橋、荒れた集落の道に燈る外灯と、インパクトが強いものに次々と遭遇した。曇り空とはいえ、なぜ無住集落の道の外灯が燈っていたのだろうか。

杉尾神社には商店そばの橋（竹屋敷橋）を渡り、回り込むことで行くことができた。社殿は傷んでいたが、鳥居や石段、灯籠、狛犬はしっかりしていた。

朽ち行くふるさとを元住民の方はどのような想いで見守っているのだろうか。もしも「成り行きにまかせるしかない」と考えられているのであれば、「何かしらできることがあるのではないか」と問いかけるものを掘り起こしたいと筆者は思った。同時に「どうしたら元住民の方に連絡を取ることができるだろうか」と思った。

杉尾神社・拝殿は傷みが進んでいた

そして、元住民とともに、3年ぶりに竹屋敷を訪ねる

２度目の竹屋敷は、令和５年（２０２３年）１月７日（土）、元住民 林田義雄さんとともにレンタカーで出かけた。林田さんのことは、竹屋敷を取り上げた日経新聞の記事（平成29年８月15日付）で知った。そして、令和４年12月、手紙を出して連絡を取った。

奈半利町内に住む林田さんと駅で待ち合わせたのは11時15分。阪神タイガースの帽子をかぶった林田さんは、竹屋敷が載った新聞記事、香南市在住の方がまとめた離村直前の竹屋敷の写真ファイル、森林鉄道の写真集などを持ってきてくれた。「中学生から高校を卒業するまでは、両親とともに大阪・大正区に住んでいた」とのことで、大阪も筆者との接点のひとつとなった。

駅前の食事処に入り昼食をとりながら話をうかがったとき、いただいた名刺には「北川村竹屋敷 地区代表」とあった。このことをうかがうと「竹屋敷出身者は、奈半利や北川村にはあまりいないので、各人が所有する土地について村に相談するときの窓口を頼まれることがある」と話された。元住民の会はないそうだ。また「足を怪我したことから杖をついているが、元気なので竹屋敷には年に数度出かけることがある」とのことだった。

話をうかがいながら走る国道４９３号は、単独で走るよりも短く感じられる。菅ノ上を過ぎると、落石や枯木に注意が必要になったが、前回のような通行止の箇所はなかった。

竹屋敷分校、運動会のひとこま（昭和30年頃）

道中、林田さんから竹屋敷についてうかがったことを、ここでまとめる。

＊　＊　＊

私は昭和10年に竹屋敷に生まれ、昭和23年、両親が仕事のために大阪へ引っ越すまで竹屋敷で過ごした。その頃、竹屋敷には13戸の家々があった。

竹屋敷には平家の落人が開いたという言い伝えがあり、魚梁瀬には平教経《のりつね》という武将所縁の石碑があった。林田家の祖先、権之丞《ごんのじょう》は家臣として仕えたと伝えられる。岐阜にも同様の伝説をもつ林田姓が多い集落があるらしい。江戸時代は国境警備のために関所が置かれ、集落の名士である松崎家が警備にあたった。できるものならば、鎌倉から江戸まで、知られていない歴史を掘り起こしてみたい。

竹屋敷でのいちばんの思い出は、集落総出で行った運動会や学芸会のことだ。大人から子供までみんなが集まると、自然と絆は深まった。

高校を卒業してからは、両親とともに大阪から高知へ戻り、最初は父の山仕事の手伝いをした。奈半利川に水力発電所建設が計画された昭和30年代、その頃、私は電源開発の会社に入った。魚梁瀬など流域の集落の方々とは、仕事でよくやり取りをした。仕事では東京、大阪など各所に赴き、定年は徳島県阿南市で迎えた。仕事を辞めてからは故郷に近い奈半利町に落ち着いた。

竹屋敷出身者は全国に散らばっており、大阪在住者が最も多い。このため、事情がわかる地元在住者として、森林など共有財産のことの相談窓口を担ってきた。竹屋敷出身者の集いも行いたいが、出身者が全国に散らばっているため、難しいと思っている。

最後まで竹屋敷に住んでいたのは、山仕事で縁ができた高知市の夫婦で、10数匹のイヌとともに20年ぐらい過ごされた。ご主人は、国有林のシキビやサカキを市場に出す仕事をしていた。ご主人が亡くなった翌年、奥さんも高知市内に戻って、竹屋敷は無住の里となった。

＊　＊　＊

クルマを元商店の建物のそば、竹屋敷橋の上に停めて、二度目の竹屋敷の探索は林田さんの話をうかがいながら進めた。往時の水力発電所は竹屋敷橋のすぐ下流側にあって、林田さんの家は橋を渡ってすぐの小高くなった場所にあった。この建物は前回の探索時には建っていたのだが、スギの伐採でトラックが入った関係で取り壊されていた。家跡の石垣のあたりで山を見ながら、林田さんは「山が段々になっている場所には棚田があった」と話された。スギが伐採されたため、その様子はわかりやすくなっていた。

神社には立ち寄らず集落中心部に戻ると、時計と反対回りに集落跡を一周した。「こどもの道」の標識や道ばたの廃車を見ながら歩いているうちに、落ちた吊り橋のそばで真新しいａｕの携帯電話基地局を見つけた。林田さんは「林業の仕事で山へ入っている人向けではないか」、「適当な設置場所の選定時には立ち会うなどで協力した」と話された。

吹越峠《ふっこし》（トンネル）へ向かう林道のほうから家々が立ち並ぶほうへ向かうと、やがて立派な石垣が見えてきて、その上には大きな家屋が構えていた。それは松崎家の家屋で、背中の方向には前回明かりが灯っていた外灯が見られた。外灯の明か

竹屋敷・松崎家の家屋と蜂蜜の樽（令和5年1月）

りについては「無住化した後も、元住民が家屋の様子を見に来ることがあり、電気は通じているからだろう」とのこと。

集落内の道は歩きやすいものから枯れ草に覆われたものまでさまざまだったが、「どこにたどり着くんだろう」と思いながら、枯れ草をかき分けながら先へと進むと、やがて学校跡へと続く道にたどり着いた。どこに着くかわからない道を進んでいると、童心が戻った気がした。

坂道を上りきり、校舎の基礎のところで立ち止まって話をすると、林田さんは「今は亡くなった3つ違いの弟は小学校卒業まで祖父祖母の家に残ったから、卒業するとき「行っちゃいやだ」と泣きじゃくっていたなあ」と話された。校舎の上段の関係の建物には「葬儀をするための用具を備えていた」とのことだった。

探索中、林田さんからうかがった「住まなくなっても守りたい」に通じることをまとめる。

竹屋敷小学校跡・小道と石垣、金網が往時を偲ばせる

今の世は歴史があって成り立っているのだから、かつて竹屋敷という集落があって、村の一員として財政に貢献していたことなど、忘れ去られたくはない。今も関所守の家をはじめ、多くの家屋が残り、広い空、きれいな川がある竹屋敷集落跡は、ひと味違ったキャンプ施設などを設置できないかと思い、昨年（令和４年）北川村長に提案書を出した。

吹越峠の上にある関所跡には石垣が残るが、顧みられず、私の他に知る人はいないかもしれない。集落の６００m上流には、カドヤという大きな滝があるが、知っている人はほとんどいない。集落跡、関所跡、カドヤの滝は、観光の資源にもなる。住民はいなくなったが、何らかの形で「竹屋敷という集落があった」ということは、後世に伝わっていってほしい。

＊　＊　＊

学校跡から坂道を下って元商店の建物へ戻り、集落跡の探索は終わったが、カドヤの滝を見に行きたくなった。集落跡の先の道は未舗装になったが、橋を渡る手前、「この下に滝がある」という場所にクルマを停めて、注意深く近づくと、何とか滝の姿を見ることができた。林田さんは「竹屋敷橋から川をさかのぼっていくと、滝を見上げることができる」と話された。

「今の世は歴史があってできている」はまさにその通りで、森林鉄道の遺構が注目されるのは、そこに往時の様子を垣間見ることができるからなのではないだろうか。効率が悪くなったローカル鉄道が大切にされるのも、地域に貢献してきた歴史があるからなのだろう。

竹屋敷の家屋が密集する集落跡は、価値のあるもののように思えてならない。後世に残すものの例として、筆者は林田さんに「例えば集落跡の石碑を建てるとすれば、村道と林道の三差路あたりでしょうか」と話した。

令和6年の年始、「昨年4月22日（日）、侵入者による失火があり、関所守の家を含め、6戸の家屋が焼失してしまった」ことを、筆者は林田さんからの電話を受けて知った。大切なものは移ろいやすく、逆に言えば、だから大切なのだろう。

【令和5年1月7日（土）取材】

林田義雄さん。竹屋敷のau基地局で

林田さんに教わったカドヤの滝

空港となったふるさとへの想い

17 長崎 箕島《みしま》

長崎県大村市箕島町
戸　数　13戸（昭和47）
移転年　昭和47年（1972年）
空港建設のため移転【離島（農業）】

箕島は大村湾内にある離島で、面積は2・31平方㎞、標高43ｍ（開発前の面積は0・92方㎞、標高97ｍ）。大村市街から5㎞の距離にある（クルマで10分）。昭和47年、島の住民は長崎空港建設のために移転した。

筆者は、長崎空港がかつての有人島・箕島に造られたことを学生時代から知っており、廃村の調査を進める中で、「箕島集落について調べたい」と思い続けていた。そして、平成26年5月、箕島出身者の会の方の計らいで、空港内で行われる慰霊祭に参加した。そのとき、移転交渉の時の住民代表大島誠さんが記した「御挨拶」、「随想と心境」という文書をご子息（大島弘美さん）から預かった。そこにはどのような想いがあるのか、振り返ってみたい。

筆者と箕島との出会い

筆者が初めて箕島を訪ねたのは、平成7年（1995年）12月27日（水）のことだった。まだ本格的な廃村調査は始めていなかったが、「空港に箕島集落に係わるものはないか」と気になったものだった。

平成24年3月下旬、5度目の長崎空港立ち寄りの際、大村市役所に箕島について問い合わせたところ、「長崎空港は国有地と県有地だが、花文字山（県有地）の中に碑があって、毎年春に元住民が慰霊祭を行っている」という情報をいただいた。

これを受けて、大村市役所の方の仲介で箕島出身者の方の会（箕島会）の代表・大島弘美さん（昭和21年生まれ）とのやり取りが始まった。「空港内で行われる慰霊祭の日取りは毎年5月1日」と分かったことから、弘美さんに相談したところ、特別な計らいで、集落の取材と慰霊祭への参加が実現した。

箕島（長崎空港）の地形図（「地理院地図」Webより）

平成26年（2014年）4月30日（水）、移転交渉の際、島民代表として知事と交渉した大島誠さん（大正13年生まれ）、山口実さん（大正15年生まれ）から、写真や資料を拝見しながら、往時の話をうかがった。

翌5月1日（木）、天気は快晴。宿に迎えに来てくれた大島弘美さん、誠さんは正装をしている。誠さんから「空港のゲートから花文字山まで歩いていく」と聞き、「是非同行させてください」と手を挙げ、二人で2㎞ほどの道のりを歩いた。滑走路を回り込み、花文字山に差しかかったところで、誠さんから「あのあたりに私の家があった」と教えていただいた。

箕島会・法界萬霊慰霊祭は、住職が経を読み、長崎県、大村市、長崎空港ビル会社の方々が来賓として参加される厳かな式典だった。一見の筆者は、30分ほどの慰霊祭を空港ビル会社のカメラ担当の方とともに外巻きに見ながら、参加できたことをとてもありがたく思った。

花文字山で行われた箕島会法界萬霊慰霊祭（平成26年5月）

箕島郷の部落解散式　住民代表　大島誠さんの御挨拶

箕島集落の解散式は、昭和47年3月に行われた。このとき、住民代表 大島誠さん（47歳）が述べた御挨拶（文書）を、ここに掲載する。大島さんは、昭和44年春、箕島が新空港予定地になったことをラジオの放送で知ったという。合意を経て、住民は大村市内の各所に移転した。

＊　＊　＊

住民を代表して、一言、御挨拶を申し上げます。

本日、ここに、箕島郷《みしまごう》の部落解散式を開催するに当たり、久保長崎県知事をはじめ、大村市、大村市農協及び各界各位の御来島をいただきましたことを、厚く感謝申し上げます。

思い起こせば、昭和45年、久保知事就任の後、私ども島民との間に、新大村空港建設用地としての交渉が始まったわけでございます。私たちはこの天から降って湧いたような計画に驚いたものでございました。

このような降って湧いた災難に、私たちは、ただ驚いてばかりでもおられず、早速、生活権擁護のため、立ちあがったことは皆さま御承知の通りでございます。以来、今日まで約2カ年の年月に亘り、用地買収をめぐって、県との折衝が行われてきました。この間、知事交渉も6回に亘ったかと思うのでございます。もとより、私たちにとっては、祖先伝来の土地を失うということは大変なことでありまして、思いもよらぬ出来事でございました。一方、国、県にとっても、時代の要請といいますか、県民の世論も、新空港の建設に積極的にあることも承知していました。

しかし、私たちだけが県民の世論の前に「なぜ、犠牲にならなければならないのか」というのが島民の考えでございました。こうした中で、久保知事をはじめ国会議員、市議会、大村市農協など各方面の方々が、私たちのために様々な問題解決に懸命の御努力をいただきました。

こうした流れの中で、私たち島民もついに自説を曲げ、昨年12月末に調印書に署名し、今年1月22日、空港建設にむけて起工式のはこびとなったわけでございます。私たちは、三百有余年続いていた先祖伝来の箕島の地には非常な愛着心をもっております。しかし、もう、箕島大根も、箕島かぼちゃも、箕島西瓜《すいか》も、また箕島蜜柑《みかん》も、もう作れないのです。今、ここに箕島の灯は、消えようとしております。大村市箕島郷の私どもの土地も家も墓地もなくなろうとしています。

箕島大根を天日干しする風景（昭和40年頃）

思えば、私たちの祖先は、寛永年代、大村藩が長崎警備の任についたとき、長崎の急変を西《せい》彼《ひ》、東彼《とうひ》方面に知らせるための「のろし」揚げ場の役目をもって入島したと大村藩の古い文献にもしるされております。今その歴史に一頁が消えようとしているのです。この地には、13家族、80人の住民が生活しておりましたが、交渉が始まってから、すでに6人の人達がその行く末もまだわからないまま他界されました。先日、墓地の合同慰霊祭も行いましたが、いま、私たちはこうした先輩や肉親の前に、島を去る離別の挨拶をしなければなりません。

墓地の合同慰霊祭で合掌する大島誠さん（昭和46年2月）

しかし、私たちもいつまでもくよくよしていてはいられません。一日も早く、新しい天地での生活をうちたてなければなりません。幸いに各方面のご協力により、その準備もそれぞれ着々と進行しているようでございます。どうか国や県、及び県民、市民の方々におかれましても、この私たちが払いました精神的・物質的犠牲と努力を無駄にしないよう県政の発展と県民や国民の幸福に有効に活用されるようにお願いするものであります。

最後に、島民一同、生まれ故郷の箕島を去るに当たり、今まで各界から寄せられました御同情に感謝申し上げますと共に、なお、今後とも　私たち島民一同が新天地での生活が確立できますまでお力添えいただきますようお願い申し上げまして、島民代表としての御挨拶といたします。

昭和47年3月22日　大村市箕島郷

住民代表　大島　誠

花文字山に建つ法界萬霊碑（平成24年5月）
碑は昭和49年11月建立

離村から35年後、大島誠さんの随想と心境

離村から35年後（平成19年）、82歳の大島誠さんは「随想と心境」という文書を綴られた。丁寧な毛筆で記された文書を預かった筆者は、その夜はビールも飲まずに、文書のコピーをとったり、写真をスキャンしたりしながら、翌日、箕島で行われる慰霊祭に備えた。

＊　＊　＊

元箕島の住民として、一言、随想を申し述べます。

空港建設に伴う建設予定地決定については、政界・財界でお決めになったことは事実であり、私達住民にとりましては突然湧き起った話でありまして、当に寝耳に水のようなことでした。

現在の長崎空港が出来る迄は、種々様々な苦労がありました。

箕島に私達の祖先が入島したのは寛永年間で、大村藩が長崎警備の任に就いた時、長崎の急変を西彼・東彼方面に知らせる為の烽火《のろしび》揚げ場として入島したのが始まりで、歴史は約３５０年前と推定しております。

明治38年に、小学校の分教場が出来ております。当時の行政区名は東彼杵郡西大村箕島郷と呼ばれていましたので、校名も「西大村尋常高等小学校箕島分教場」と呼ばれていました。

その後、町村合併に依りまして

昭和15年　大村町箕島郷

大島誠さんと山口実さん（平成26年4月）

大村小学校箕島分校の閉校式（昭和47年3月）
へき地等級2級、児童数22名（昭和34）、最終年度は6名だった

昭和17年2月11日　大村市箕島郷
昭和35年　大村小学校箕島分校
と改称されております。

箕島は昔から野菜や果物、特に大根の産地として有名で、大正年代から長崎県下で唯一の沢庵漬の名産地であり、県内の長崎・佐世保を始め、中国大陸・上海市まで販路を拡大、戦時中は陸海軍の御用達で東南アジア方面迄出荷されておりました。

又 現在のように施設園芸が普及されていなかった時代には、気候風土に恵まれた島でしたので、農作物も良く育ち、他の産地に負けない立派な商品価値のあるトマト・西瓜・胡瓜・メロン・大根・蜜柑等が豊富にできまして、農業所得も悪い方ではなかったのです。

時代の要請でしょうか、突然の県の要請で宅地を始め住宅、農舎・畑・山林・原野・漬物工場などすべての生産施設、更には先祖が眠る墓地に至る迄、全ての資産の提供を求められ驚いたことを想い出します。

昭和47年2月6日　移転を伴う墓地の合同慰霊祭が執り行われました。

昭和47年3月22日　箕島郷の部落解散式及び母校箕島分校の閉校式　箕島の守護神　市杵島神社の移転報告祭等が執り行われ、分校も開校以来68年の歴史に終止符を打ち、名実と共に私達の故郷の歴史が全て終わりました。

それから35年が経過しましたが、先祖が子孫の事を思い、苦労に苦労を重ねて築き上げ残してくれた安住の地　箕島を、県政の浮揚とか時代の要請とかで片付けられて終わった事は忍び難いことであります。

箕島の平和な生活は、片時も忘れたことはありません。私もあと何年生きるか判りませんが、先祖に対し申訳ない気持ちは生涯忘れることはできません。又　箕島への想いは変ることはありませんが、之も一つの運命でしょう。

此の話、子々孫々に語り継いで欲しいと念願して居ます。

平成19年2月　大島　誠

そして、8年ぶりに大島弘美さんに会いにいく

令和４年（２０２２年）６月27日（月）、筆者は８年ぶりに大村を訪ね、大島弘美さんに近況をうかがった。８年の間に大島誠さん、山口実さんは他界された。８年前のひとときが貴重だったことを痛感する。

『無人島が呼んでいる』（ハート出版刊）には、「ターミナルビルの敷地内に箕島に係わる顕彰碑がある」との旨が記されている。空港内の慰霊碑とは別のもので、どこにあるのかずっと気になっていた。事前に手紙で大島さんに碑のことを尋ねたところ、「私もほとんど行ったことがないですが」とのことだったが案内していただくことになった。

その碑は、箕島大橋を渡ってすぐ、ソテツが生える植込みの中にあった。空港内の駐車場にクルマを停めて、戻る形で植込みの中を歩くと、いくつかある天然石のひとつに次の文が刻まれていた。

長崎空港ターミナルビルから箕島・花文字山を臨む
箕島があって空港ができたことがよくわかる（令和4年6月）

顕彰碑

長崎空港は次の方々の土地や漁場の提供を受けて完成した。開港にあたりその御協力に厚く謝意を表し、茲《ここ》にその名を刻む。

箕島居住者　大島誠　山口好　山口實　山口スエ　松尾寿夫　松本静夫　岩永正三
　　岩永政雄　山口忠義　尾崎繁　山口順一　山口隆　蒲原靖

前舟津《まえふなつ》その他島外在住土地所有者一同

大村市漁業共同組合員一同　大村湾東部漁業共同組合員一同

昭和50年5月1日　長崎県知事　久保勘一

＊　＊　＊

顕彰碑が橋を渡ってすぐの場所にあるとは思いもよらなかったし、紹介されなかったら、この天然石が顕彰碑とは気づかなかったことだろう。20年以上気になっていた碑を見つけることができて、筆者はとても嬉しかった。

前舟津は大村市南側の海に面する集落で、8年前、慰霊祭の後にバスに乗って「箕島記念館」と市杵島《いちきじま》神社に訪ねたことでなじみがある。記念館は公民館の一角にあって、応対してくれた方は「昔、前舟津には箕島に通って耕作する農家があった」ことを話してくれたものだった。

久保勘一長崎県知事の名前は、箕島の取材をすると必ず出てくる。「箕島の公民館で膝を突き合わせて焼酎を飲みながら移転交渉の話をした」こと、「花文字山に慰霊碑を建ててご先祖様を供養するというアイデアをいただいた」ことなどから考えると、久保知事は人情味がある方で、元住民の方から敬意を受けていることがわかる。

箕島大橋本土側に建つ
久保勘一知事の胸像

敬意は、久保知事をはじめとする行政、空港会社など関係者相互にあることが感じられる。箕島大橋本土側には久保知事の胸像が建っていて、その横の「長崎空港顕彰碑」（昭和53年建立）には大村水交会（海軍、海上自衛隊関係の団体）宛の知事名の感謝状が刻まれていた。碑文には、「新空港建設地として箕島に着目したのは、水交会の方の発想が大きい」とあった。法界萬霊慰霊祭に長崎県、大村市、長崎空港ビル会社の方々が参加されるのは、その象徴的なことのように思える。

空港ビル内のレストランで、箕島会の近況をうかがったところ、「近年代替わりが進んできたが、5月1日の慰霊祭のほか、秋には空港ビル会社の方との情報交換会を行っている」、「箕島の市杵島神社は大村市内の富松《とみまつ》神社に合祀されたが、春と秋のまつりには箕島会も参加している」とうかがった。「コロナ禍で自粛しているが、会合には懇親会があって、酒を飲んでざっくばらんに話し合っている」、「やっぱり人と人とのやり取りは大切」という話には、共感を覚えるところだ。

＊　＊　＊

大島さんは、農家として、稲作、デコポンの栽培に勤しんでいる。時代の要請とはいえ、計画発表から2年で移転合意、集落移転から3年で空港開港という動きの早さには、改めて驚かされる。

筆者は数多くの集落移転の事例を見てきたが、箕島の移転はうまくいっているように感じている。

【令和4年6月27日（月）取材】

箕島大橋空港側に建つ箕島の顕彰碑と
大島弘美さん。碑は昭和50年5月建立

ふるさと再生プロジェクトの夢

18
鹿児島
新島《しんじま》

鹿児島県鹿児島市新島町
戸　数　29戸（昭和43・2）
移転年　平成25年（2013年）
個別移転【離島集落】

新島は錦江《きんこう》湾内、桜島北東沖合の離島で、面積は0・13平方㎞、周囲2・3㎞、海抜43ｍ、分校跡の標高は13ｍ、最寄りの港（浦之前《うらのまえ》港）から2㎞の距離にある（連絡船で10分）。江戸期に火山活動によってできた文字通り新しい島で、「燃島《もえじま》」という別名がある。

筆者が平成25年春、初めて新島を訪ねたときはわずかな暮らしがあったが、その歳の夏、住民はいなくなった。そして、平成27年夏、無人島となったふるさとの再生を夢見る元住民（女性）と鹿児島市街で出会った。話をうかがうことで、夢に賛同した方々とともに「ふるさと再生プロジェクトの会」が作られていることを知った。その後、会はNPO法人となり、いくつかの夢は実現している。そして今、どのような動きがあるのだろうか。

新島のあらまし（島の形成と歴史）

安永８年（１７７９年）10月、桜島が大きな噴火を起こした際、錦江湾内に隆起が起こった。翌80年、複数の岩が出現し、やがて一つの大きな島すなわち新島となった。形成直後の新島は周囲１里（約４㎞）以上あったと記録されているが、天明５年（１７８５年）の薩摩藩による調査では今とあまり変わらないぐらいに縮小している。

寛政12年（１８００年）、新島に桜島の赤水《あかみず》村と黒神《くろかみ》村から24名が移住し、以降赤水村に属した。明治の町村制施行後は桜島の西側にあたる西桜島村（後の桜島町）大字赤水の一部（字新島）になった。

島の縮小はその後も続き、特に昭和20年（１９４５年）以降相次いだ台風の襲来や冬期の季節風によって侵食が進み、建物が失われるなどの被害が深刻化した。このため、昭和41年から離島振興法の適用を受け、海岸にはテトラポットによる護岸工事が施された。その中で、島の南端のスサキの浜は残り、往時の姿を留めている。

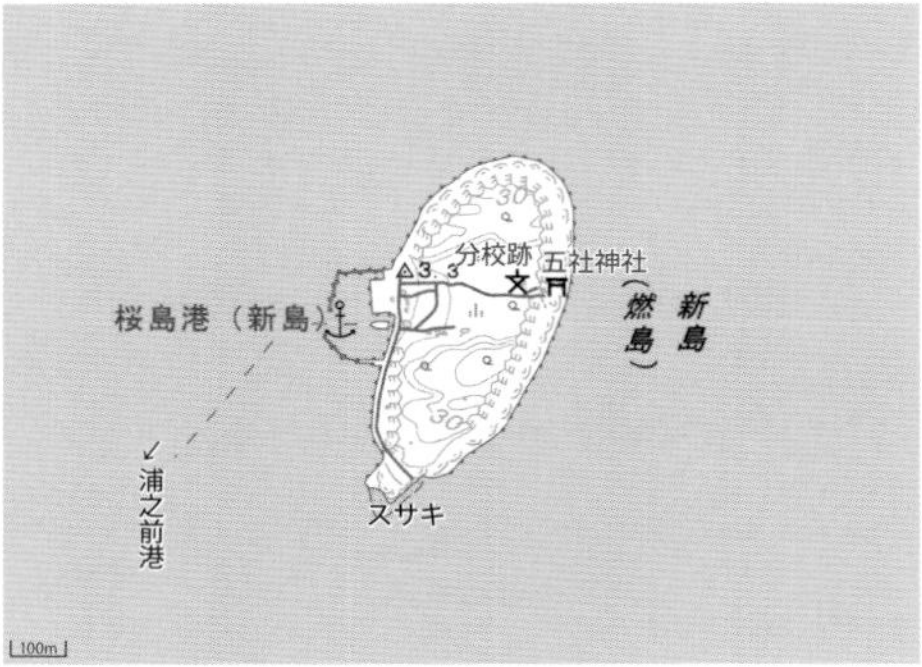

新島の地形図（「地理院地図」Webより）

平成の大合併で桜島町が鹿児島市に編入された際には、桜島赤水町の一部となったが、分割があった平成18年（２００６年）、新島町ができた。

火山灰が堆積した痩せた土壌であることから、耕地は畑で、サツマイモなどを自給程度に育てていたといわれる。海産物には恵まれており、タイやアジ、タチウオなどを獲る漁業を主な生業とした。

最盛期（昭和26年頃）には２５０名が居住していたが、高度経済成長期を経て、国勢調査の人口は昭和45年＝87名、昭和50年＝40名、昭和55年＝26名、昭和60年＝22名、平成2年＝18名、平成7年＝13名、平成12年＝12名、平成17年＝5名、平成22年＝2戸４名と、年々減少していった。そして平成25年（２０１３年）８月、全住民が島外へ移住し、定住者ゼロの無人島となった。しかし、令和２年（２０２０年）９月、元住民（女性）とご主人が島での暮らしを始めた。７年ぶりに、新島に暮らしの灯が戻った。

浦之前港近くの高台から見た新島の遠景（令和4年2月）

元住民の方の視点で見た新島の移り変わり

平成27年（2015年）7月14日（火）、鹿児島市街・天文館《てんもんかん》を訪ねたのは、探索仲間の村岡真一さん（鹿児島県在住）から「新島出身のスナックのママが無住となって以来、故郷の保全活動で頑張っている」という声をいただいたからだった。スナック「柿の実」のママ 酒元《さけもと》ひろ子さん（結婚して東《ひがし》ひろ子さん、昭和31年生）からうかがった話を、新島の歴史と重ねてまとめたい。

＊　＊　＊

子供の頃、島のまわりには砂浜があって、分校の運動会はスザキのあたりで行っていたし、夏になると鹿児島市街から海水浴に来る人達がいた。わが家では、島の方用にざらめ砂糖や小豆を使ってかき氷を作っていたが、海水浴の方が食べに来ることもあった。

分校の校舎は長い間木造だったが、昭和42年に鉄筋ブロック造りの新しい校舎が建った。中学生になってからは、スクールボートとバスで桜島の中学校まで通った。

島に電気や電話が通じたのは昭和51年のことで、それまでは自家発電で電気をまかなった。通電が終わったらランプと太いローソクで夜を過ごした。テレビと扇風機は、自家発電でも使えた。私は高校に通うため鹿児島市内に下宿したが、週末に島で過ごしたランプとローソクの夜は、ランプのススを丸めた新聞紙で綺麗にする母の姿と重なり、とてもなつかしい。

新島分校・木造校舎と子供達（昭和38年頃）

冷蔵庫は、おが屑入りの麻袋などで熱を遮る木製冷蔵庫を使っていた。暑いとき、島では自給用の魚や野菜はとったらすぐに食べていた。保存用に魚市場の氷を使うこともあった。生業は半農半漁で、さつまいもは垂水のでんぷん工場に卸した。魚はタイをはじめ、いろいろなものがとれた。

井戸水は汗くらいの塩からさで、ご飯は美味しく炊けた。昭和54年には海底送水が実現したが、翌年わが家は鹿児島市郊外に引っ越した。

年をとってから、父は新島のお宮さんのことを気にしていた。父が亡くなり、平成25年夏に新島が無人島になったとき、まず思ったのはお宮さんを守ることだった。お宮さんの清掃をしているうちに、その輪が広がって「ふるさと再生プロジェクトの会」につながった。活動を始めてから五社《ごしゃ》神社という名前を知った。平成27年秋にはお宮さんを新調することができ、ほんとうによかった。

無住になる直前、初めて新島を訪ねる

筆者が初めて新島を訪ねたのは、離村の4ヵ月前、平成25年（2013年）4月1日（月）のことだった。持参した食料は、朝食用のパン2個とミルク、昼食は島の方にお湯を借りられたとき用にカップ麺を、借りられないとき用におにぎり2個を購入。あと、お茶を1リットル用意した。

鹿児島市が運営する行政連絡船（しんじま丸）は日に2便（週5日）の運行。出発は午前7時と午後3時。浦之前港には釣りの若い男子3人組がいて、彼らとともに船に乗り込んだ。

午前7時6分、新島の港には島のおばあさんが待っていて、4人と入替えに乗ったと思えば、しんじま丸はすぐに桜島へと戻って行った。漁港のスペースには海藻が広がっていて、公民館（桜峰校区公民館新島分館、平成10年建設）は施錠されていた。私は公民館の階段に荷物を置いて探索を開始した。手元の住宅地図（平成24）で名前が入った家屋は3戸。どんな様子か見に行くと、1戸は窓越しにおじいさんと目があった。「こんにちは」と声をかけてもこれでは通じない。1戸は洗濯物が干してあるけど留守らしく、庭の隅に静かなイヌが居た。もう1戸は閉ざされてしばらく経った雰囲気だった。

午前8時、公民館の階段に戻って、桜島と漁港の風景を見ながら朝食。そのうちに、港に小さな船（第2たか丸）が着いて、サカナが入った網をもった漁の方（60代ぐらいの女性）が下り

てきた。「こんにちは」と声をかけたら、歩きながら会釈をしてくれた。食後、再び集落探索に出かける。集落の道から左手に入る枝道沿いにはいくつかのお墓があって、表面に火山灰が積もった造花が飾られていた。枝道は北側の道（メインストリート）に続いていて、三差路の周囲ではブロック塀で囲まれた屋敷跡が見られた。

午前9時、公民館の階段に戻ってから、いざ、分校跡へと出発。本通りの行く手は、トンネルのような茂みになっている。これを抜けると右手に小さな畑があって、リヤカーが止められていた。分校跡の前にはツワブキを取るおばあさんがいて、挨拶をしてから「この建物は分校ですか?」と尋ねると、「わからん」というお返事だった。

五社神社は雑木に取り囲まれていた（平成25年4月）

桜峰小学校新島分校は、へき地等級1級、児童数25名（昭和34）、明治33年開校、昭和47年閉校。最終年度（昭和46年度）の児童数は8名。校舎（昭和42年建設）は鉄筋ブロック造平屋建てで、右側には京大防災研究所の火山観測所がある。校舎の中には4部屋あって、教室2部屋と給食室、職員室。建物自体は比較的落ち着いていたが、周囲は荒れていて、灰が積もった茂みをかき分けながら校舎の回りを歩くと、外付けのトイレは大破していた。分校の隣の神社（五社神社）に挨拶して、本通りの末端（東側の海岸に向かう道）を途中まで確認した。

午前10時頃、また公民館の階段に戻る。桜島にかかった雲（もしくは噴煙）は少し薄くなって、噴煙が火口から出ている様子がはっきりしてきた。携帯電話は通じていたが、場の雰囲気にはなじまず使う気にならなかった。

午前11時頃、南側に向かって海岸沿いを歩いた。テトラポットの護岸が切れて砂洲が広がっている場所（スサキ）がある。そばの三角形の標識は、海底にケーブルが通っていることを示したもので、白一色のもの2本はＮＴＴが、黄色が混ざったもの2本は九州電力が立てたものとのこと。正午頃、スサキの防波堤に座って、春の日差しを浴びて食べるおにぎりは格別だった。

午後1時頃、防波堤から崖を上がる階段が見えたので登っていくと、桜島町設立の簡易水道施設の建物があった。おそらくここが新島の最高標高（43ｍ）地点だ。午後2時頃、公民館の階段に戻ると、第2たか丸の姿があって、漁の方が海藻をかき集めていた。近くに出荷用の袋が置かれていたので、ヒジキということがわかった。漁の方にも一言かけたくなって、「帰りの船は3時でした?」と声をかけると、「ろっぷん!」と両手を使いながら返事してくれた。帰る時間が迫ってきたので、いま一度ひと通り歩いておこうと、集落の道からお墓を通ってメインストリートへ進み、分校跡、神社で一服して、草をかき分けて東側の海岸に向かう道を下りきった。自動車はなく、自転車もない、クルマといえばリヤカーぐらいの新島は、お散歩天国と言える。

午後3時過ぎ、釣り3人組がのんびりと港に向かってきた。やがてしんじま丸がやってきて、8時間過ごした新島とお別れ。下船の時、船長に「おいくらですか?」と声をかけると、「にひゃくえん!」との返事がきた。

新島での8時間は、人間本来のゆったりしたペースに包まれていたせいか、すんなりと消化できた。強い日差しのもと、電子機器はいらない。しかし、桜島の存在感はすごかった。どんどん変わるその見え方に、一年見ていても飽きることはないだろうと思った。住民の方々は島の風景の一部のようで、話をする気が起こらず、ひと声おかけするぐらいがちょうどよかった。「カップ麺のお湯を頼む」は絵にかいた餅だった。

ヒジキが干された漁港から、噴煙が上がる桜島を見る

清掃活動に加わって、無住となった新島を訪ねる

二度目の新島は、平成31年（2017年）1月13日（日）に訪ねた。前日は天文館の食事処で、村岡さん、東ひろ子さんとご主人（道也さん）の4人で食事会をした。東さん夫妻は中学の同級生で、新島が無人島になった年（平成25年）に同窓会で再会。「ふるさと再生プロジェクト」を進めているうちに、縁があって結婚したという。プロジェクトの会は平成30年3月にNPO法人となり、「柿の実」は年末に店じまいした。お夫妻は「これからの人生は、ふるさと新島の再生に全力で取り組む」と話された。

探索当日は朝9時20分頃、プロジェクトの会の方と桜島港で合流。無住化した新島は、毎月行われるという会の清掃活動によって、見違えるほど整えられていた。港からメインストリートの坂を上ると、分校跡校庭は刈込みによって復元し、神社は新築されていた。階段を下りた先、島の東側には周回できる歩道が新設されていた。

清掃活動で分校跡校庭が復元した（平成31年1月）

再訪の新島での滞在時間は4時間30分ほど。小さな島だが、公民館で皆と一緒に食事をしたり、テーブルの片づけを手伝ったり、補足の聞き取りをしたりしているとどんどん時は流れた。活気が感じられた一方、無住となった家屋は「6年前、ここに暮らしがあったのか」と思うほどひっそりしていた。

そして、暮らしの灯が戻った新島を訪ねる

令和元年（2019年）9月、長年再生プロジェクトを支えてきた新島出身の佐々木和子さん（ひろ子さんの妹）がご主人（直行さん）の退職を契機に、2人で島に戻り住むことになった。「再び住むことでふるさとを守る」という例は、全国的にもめったにない。一方で、同年末、老朽化のため新島分校跡の校舎が取り壊されたという。令和4年（2022年）2月11日（金祝）〜12日（土）、山口県向畑以来1年10ヵ月ぶりの取材旅は、改めて東さんに往時の島の様子、プロジェクトの会の近況をうかがうととも

会の活動によって、五社神社再建の夢が実現した

に、新島がどのようになっているのか、確かめることを目的として行った。

島を訪ねる前日、プロジェクトの会 理事長である東道也さんから、近年の会の動きを教えていただいた。

会が取り組む事業は、①ふるさとの再生と環境保全に関する事業（下刈、除伐、植栽、清掃活動）、②自然豊かなふるさとを教育資源とした教育活動事業（小学生、親子等を対象とした教育活動）、③高齢者の生きがいづくり・健康の維持増進に関する事業（高齢者を対象とした島の散策）の3つの大別されている。

再生・環境保全事業では、海岸の清掃、島を周回する歩道の整備、水道施設に通じる歩道の整備、展望所へのブランコの設置、島が海底から隆起してできたことを示す貝化石層の整備などが進められた。港のそば（集落跡の一角）では道具置場（倉庫）の建設を進めていて、避難所を兼ねたカフェ、ツリーハウス建設の構想があって、予定地の整地が行われた。

教育活動事業「新島クルージング」（令和2年11月）はかごしま環境未来館と共催で行われ、子供達の笑顔、賑やかな声が島のあちこちで響いた。同6月には、桜島公民館との共催で、高齢者を対象とした新島探索が行われた。

その後（令和5年1月）、新島のカフェ、ツリーハウスは完成し、民宿の営業も始まった。

探索当日、朝9時頃、浦之前港から新島へは、佐々木さんの船で東ひろ子さんとともに出かけた。佐々木さんの家は港のすぐそばにあり、「当面の夢」とうかがっていたカフェとツリーハウス建設予定地はその隣にあった。私はアコウの木に登り、完成前の景色を楽しんだ。

港からは、東さんと一緒に分校跡へと歩いた。途中、メインストリートへの曲がり角のそばには、錆びたかき氷製造機が置かれていた。初訪時の「緑のトンネル」あたりにはアコウの木を主役とした森の広場（緑蔭広場）ができていた。コンクリの建物は自家発電所の跡で、中の錆びた発電機は掘り起こして見つかったという。

ゆるい坂を登り、たどり着いた分校跡校庭で待っていたのは柵と藪だった。校舎跡地も藪になっており、面影を留めるものは鳥の彫像だけになっていた。筆者はとても残念に思ったが、所有する鹿児島市はどのような構想をもっているのだろうか。今後、上手な活用につながることを期待したい。

緑の広場、アコウの木と自家発電所跡（令和4年2月）

五社神社の社殿にご挨拶に行くと、色とりどりのお守りが置かれていた。佐々木さんのご主人によると、お守りはやり取りがある秋田県三種《みたね》町の鹿渡《かど》神社のものだという。この本は秋田市の出版社から刊行されており、思わぬところで秋田県と新島に縁が重なった。

東さんには、島を周回する歩道、水道施設、展望所、スサキ、東海岸の貝化石層など、ひと通りの見所を案内していただいた。緑の広場から井戸を経て、水道施設に通じる歩道が新設されたのには驚いた。

＊　＊　＊

「ふるさと再生プロジェクトの会」の運営、「島に再び住むことでふるさとを守る」ことはたいへんだと思うが、やりがいは強そうだ。離村前（平成25年春）よりも活気がある様子は、プロジェクトの会の取組みの成果だ。

次に新島に足を運ぶ時は、島の民宿に泊まり、会の皆さんとともに新たな島の空気を味わいたい。

【令和4年2月11日（金祝）～12日（土）取材】

探索前日、東さん夫妻とひとときを楽しむ

Column 3 離島の廃村、二つの記録

島国日本には人が住む離島がおよそ400島あって、その数は東日本、積雪地では少なく、西日本、温暖地に多い。海を隔てているため集落の独自性は高くなり、不便さは人口の流出を食い止める側面がある。しかし、それは人口の流入を阻む側面でもある。

筆者が調べた廃校廃村1123ヵ所のうち、離島の廃村は49ヵ所、うち32ヵ所に足を運んだ（令和5年末現在）。ここでは、長崎県大村市箕島《みしま》と鹿児島県鹿児島市新島《しんじま》に加えて、東京都八丈町鳥打《とりうち》と沖縄県竹富町網取《あみとり》にまつわる記録を紹介したい。

東京都八丈町（八丈小島）鳥打

鳥打（昭和44年離村）は、八丈島西方沖5㎞の孤島八丈小島の北西部にある。筆者は南東部の宇津木とともに、平成16年（2004年）9月16日（土）と同18年（2006年）6月4日（土）に小島を訪ねた。その後、クロアシアホウドリの繁殖が確認され、平成27年以来「鳥獣保護区特別保護地区」として上陸が制限されている。

千葉市在住の高橋克男さん（昭和24年生まれ）、文子《ふみこ》さん（鳥打出身、同22年生まれ）とは、平成24年6月から始まった。高橋さんは八丈島南原《なんばら》千畳敷の「八丈小島忘れじの碑」建立時（平成26年）、中心的な役割を果たした。

令和4年（2022年）12月、小冊子『廃村と過疎の風景11　郵便局の記憶』をまとめているとき、八丈小島の郵便事情が気になった。高橋さんに問い合わせたところ、文子さんと姉・弟が鳥打で暮らした頃（昭和35年～44年頃）の郵便事情を教えていただくことができた。

＊　＊　＊

・定期船が原則月2回八丈小島に生活物資を運搬していました。その時に郵便物も運ばれていました。八丈の郵便局から頼まれて小島在住の経験のある方が郵便物を持って乗船し、宇津木《うつぎ》と鳥打の両部落へ届けたようです。郵便局員という服装ではなかったそうです。

・小島には郵便局もポストもありませんでした。港に着くと知っている人がいればその場で手渡し残りは学校に届けたそうです。あとは先生の方で対応したのだと思います。定期船は昼頃に着いて荷物を降ろすとすぐに帰ったそうです。

・手元にある写真には港で手紙を読んでいる人、その場で返事を書いている人がいます。すぐ返事を出さないと次の定期船の到着まで出せなかったようです。

鳥打・船着場で来たばかりの手紙の返事を書く人がいる（昭和42年12月）

＊　＊　＊

八丈小島の郵便事情についての記事は、これまでどの書物にも掲載されていなかったと思う。

令和５年（２０２３年）３月８日（水）、筆者は千葉の高橋さん宅をうかがい、将棋カメラマン炬口《たけのくち》勝弘氏撮影の「船着場で返事を書く人」が写った鳥打の写真をお借りした。

沖縄県竹富町（西表《いりおもて》島）網取

網取（昭和46年離村）は西表島西部、陸路が通じない海沿いの果てにあり、陸路の終点白浜から８km（船で25分）、最寄り集落船浮《ふなうき》から５km（船で15分）である。離村後、集落跡には東海大学海洋研究所が進出している。

筆者は平成10年（１９９８年）５月１日（金）、シュノーケリングのツアーの船で祖納《そない》から網取を訪ねた。ツアーは昼食休みで網取に立ち寄ったので、時間は短かったが、「あんとぅり」と刻まれた離村記念碑（平成８年９月建立）を見て、単独集落跡を探索することもできた。

令和元年（2019年）10月、『日本廃村百選』で網取を取り上げたくなり、石垣市在住の元住民 川平永光《かびらえいこう》さん（昭和14年生まれ）に取材をお願いし、あわせて現地への再訪を試みた。

西表島に吹く秋から冬にかけての季節風（新北風、ミーニシ）の存在は、計画を立ててから知った。「北風が吹く日には網取には行けない」、「特に11月〜翌年3月は風がよく吹く」という。何とか風の吹く日を避けねばならない。

この年、ミーニシの吹き始めは早く、大原便で西表島に上陸した日、上原便は11日間連続で欠航していた。

船浮の宿では、「何とか網取に行けますように」と祈った。それが通じたか、翌朝は快晴で風は比較的弱い。上原便は12日ぶりに運航しているようだ。

10月22日（火祝）、21年ぶりの網取には、船浮の宿の宿主と2人で出かけた。「あんとぅり」の碑は、変わらず堂々と海のそばに建っていた。平成27年に「自然環境保全地域」に指定されたという網取の海はとても美しかった。

網取の海辺に建つ「あんとぅり」の碑（令和元年10月）

廃村の聞き取りで心掛けていること／成果物を振り返って

平成12年（2000年）7月20日（木）、筆者は滋賀県永源寺町《えいげんじ》蛭谷《ひるだに》の筒井神社の境内で、菅沼晃次郎先生と偶然出会った。いただいた名刺には滋賀民俗学会会長とあった。小一時間ほど話をした後、昭和38年から発行を続けているという月刊誌『民俗文化』をちょうだいした。このことが縁で、滋賀民俗学会の会員となり『民俗文化』を定期購読することになった。

「会員は投稿できます」ということで、平成13年7月、筆者は『民俗文化』に「鈴鹿山地北部の旧行政村の廃村―犬上《いぬがみ》郡旧脇ケ畑《わきがはた》村」というタイトルの原稿を投稿した。その1週間後、菅沼先生から届いた便りには、「あなたの原稿は紀行文となっているように思いました。できれば後の人が読んで資料として使えるように、地元の人が「よく書いてくれた」というようにしたほうがよいと思います。少なくても、相手の人とお会いした場所と日と時間、その人の名前と年齢を忘れては資料として使えません」と記されていた。

この便りを大切なものと思った筆者は、伝えられたことを頭に留めるよう心掛けた。細かな取材（小取材）を含めた廃村の聞き取りにおいて「元住民の方に喜んでもらえるよう」心掛けているのは、菅沼先生の影響が大きい。具体的には次の3点を心掛けている。

・原稿はできるだけ普遍的な内容、資料性が高い内容になるように留意すること。
・原稿をまとめたら、取材先、登場する方には見ていただくよう、連絡を取ること。
・成果物ができたら、取材先、登場する方には礼状とともにお送りすること。

＊　＊　＊

元住民の方への聞き取り取材は、佐藤晃之輔先生の『秋田・消えた村の記録』の「移転者ひとこと」を参考にしてまとめ始めた。この本以前にまとめた取材の成果には「集落の記憶」というサブタイトルを冠している。また、以前執筆した私家本、市販本の構成を見直したところ、細かな取材（小取材）を含む成果が29ヵ所見当たった。市販本5冊の構成を次に示す。

・『廃村をゆく2』（イカロス出版、２０１４年、取材22ヵ所、小取材１ヵ所）
・『秋田・廃村の記録』（共著、秋田文化出版、２０１６年、小取材５ヵ所）
・『日本廃村百選』（秋田文化出版、２０２０年、取材13ヵ所、小取材11ヵ所）
・『記憶に残る廃村旅』（実業之日本社、２０２１年、小取材11ヵ所）
・『廃界本』（寄稿、大洋図書、２０２３年、小取材１ヵ所）

謝辞

この本をまとめるにあたっては、多くの方々からの力添えをいただきました。ここにお名前、団体名を刻み、深く御礼申し上げます。

【東日本】

・小玉勝信様、上藻別駅逓保存会様、辻加寿彦様、成瀬健太様、田中基博様、高橋裕夢様（鴻之舞）
・堀江晴男様、滝上町役場様、滝上町観光協会様、上雄柏元住民の皆さま、草間康弘様、矢部裕一様（上雄柏）
・本城谷勉様、佐藤晃之輔様、林直樹様、石井春彦様（小摩当）
・小林チサ様、高橋ヨシエ様、佐藤初江様（東由利原）
・木村陽子様、佐藤春巳様、小嶋建男様、蛯原一平様、小国町教育委員会様（小倉）
・小巖俊雄様、大東文化大学様（石津鉱山）
・佐藤慶一郎様、佐藤キミエ様（合津）
・戸澤辰男様、湯田に係わる皆さま（湯田）
・高橋克男様、高橋文子様、炬口勝弘様、鳥打元住民の皆さま（鳥打）

【中部地方】

・斉藤文夫様、大倉陽子様、毒消しの道プロジェクト様、全国農業共済協会様（角海浜）
・佐藤長治様、沓津愛郷保存会の皆さま、吉尾杏子様、木村優希様（沓津）

・安藤求様、金田直孝様、岩田五雄様、岩田桂様、米本剛様、橋本謙蔵様（八橋）
・後藤秀若様、越波元住民の皆さま、野田千恵様、越波に係わる皆さま（越波）
・吉田與十郎様、吉田妙子様、野村容子様、国立環境研究所様（北原）
・山田康夫様、山本国男様（割谷）
・北原正明様、北原直様、北原厚様、宮崎守旦様、長澤保夫様、飯島忠義様、舟崎泉美様（芝平）

【西日本】

・辻本増男様、辻中清一様、吉田辰男様、筒井庄次様、保月に係わる皆さま（保月）
・藤村緑様、藤村キヌヨ様、榊原幸春様、二木徹様、亀山尚雄様（向畑）
・曽我部正喜様、曽我部惠様、曽我部森男様、曽我部孝江様、上野友治様、楠正光様、伊藤綱男様、伊藤幸様、小牧順子様（石鎚村）
・林田義雄様（竹屋敷）
・大島弘美様、大島誠様、林田実様、大村市役所様、箕島会様、長崎空港ビルディング社様（箕島）
・東道也様、東ひろ子様、村岡真一様、佐々木直行様、佐々木和子様、ふるさと再生プロジェクト様（新島）
・川平永光様、安渓遊地様、池田米蔵様、池田卓様（網取）

【制作・その他】

・村影弥太郎様、丸山健司様、中村誠司様、坂口慶治様、菅沼晃次郎様、岸本長三様、大藤寛子様、岩坪元成様、アレックス K・T・マーティン様、鳥海正美様、菅井紀昭様、秋田文化出版社様

参考文献・出典資料

【全般】

・『五万分の一、二万五千分の一地形図』、地理研究所／国土地理院（１９１４—２０２３年）
・「地理院地図」Ｗｅｂ、国土地理院、https://maps.gsi.go.jp/
・「地図マピオン」Ｗｅｂ、マピオン、https://www.mapion.co.jp/
・『郵便区全図』、郵政弘済会／郵政省（１９４９—１９７７年）
・『電信電話綜合地図』、各地方電気通信局（１９４９—１９６６年）
・『へき地学校名簿』、教育設備助成会（１９６１年）
・『全国学校総覧』、東京教育研究所／原書房（１９５９—２０２３年）
・『ゼンリン住宅地図』、善隣出版社／ゼンリン（１９７０—２０２３年）
・『角川日本地名大辞典』、角川書店（１９７８—１９９０年）
・「村影弥太郎の集落紀行」Ｗｅｂ、村影弥太郎、http://www.aikis.or.jp/~kage-kan/
・「ナビゲーション—住めなくなっても守りたい」、ＮＨＫ福井放送局、２０１９年3月15日
・『秋田・消えた村の記録』、佐藤晃之輔著、無明舎出版（１９９７年）
・「ジャパンタイムズ　週末版」（廃村の記事）、ジャパンタイムズ社、２０２３年8月19日

【東日本】

・「鴻之舞金山と旧上藻別駅逓」Ｗｅｂ、上藻別駅逓保存会、https://kounomai-ekitei.jimdofree.com/

・『鴻之舞遺産を語り継ぐ』、林包昭著、鴻之舞鉱山開山100周年事業記念事業実行委員会（2017年）
・『新撰滝上町史』、滝上町史編さん委員会編、滝上町（1976年）
・『農協史　創立三十周年』、滝上町農業協同組合（1982年）
・「滝上町」Web（上雄柏の記事）、滝上町、https://town.takinoue.hokkaido.jp/
・『上雄柏・学校跡整備と花壇に込めた想い』、堀江春男著、Team HEYANEKO（2020年）
・『秋田大百科事典』、秋田魁新報社（1981年）
・『戦後開拓のあゆみ』、秋田県農政部編、秋田県（1973年）
・『秋田・消えた開拓村の記録』、佐藤晃之輔著、無明舎出版（2005年）
・「広報おぐに」、山形県小国町、2020年5月号―2021年4月号
・『心のふるさと石津鉱山』、小巖俊雄編集・発行（2019年）
・『写真と記録　思い出の鉱山　石津』、竹渕理三郎編、全鉱　石津鉱山労働組合発行（1972年）

【中部地方】

・『角海浜物語』、斉藤文夫著、和納の窓（2006年）
・『新潟県角海浜の鳴き砂』、大倉陽子（2020年）
・『飯山市誌　歴史篇下』、飯山市誌編纂専門委員会編、飯山市（1995年）
・『心のふるさと沓津分校』、飯山市立秋津小学校（1972年）
・『ありがとう八橋』、八橋記念誌編集委員会編集・発行（2014年）
・『ありがとう故郷』、安藤求（2015年）

・『ふるさと越波』、ふるさと越波作成委員会（1997年）
・「ふるさと越波だより」、ふるさと越波だより事務局編集・発行（2019—2023年）
・『利賀村史3（近・現代）』、利賀村史編纂委員会編、利賀村（2004年）
・「山さ行がねが」Web（利賀大橋の記事）、ヨッキれん、https://yamaiga.com/
・『池田町史』、池田町史編纂委員会編、福井県今立郡池田町役場（1977年）

【西日本】

・『脇ヶ畑史話』、多賀町史編集委員会編、多賀町公民館（1972年・1985年）
・『廃村の研究』、坂口慶治、海青社（2022年）
・『錦町史』。錦町史編さん委員会編、錦町（1988年）
・「中国新聞　朝刊岩柳版」（向畑の記事）、中国新聞社、1999年9月1日
・「にっぽん紀行—ひとり桜の里で」、NHK山口放送局、2010年4月29日
・「加茂の荒獅子」Web、荒獅子、https://arajishi.net/
・『過疎地域の変貌と山村の動向』、篠原重則著、大明堂（1991年）
・『北川村史　通史編』。北川村史編集委員会編、北川村教育委員会（1997年）
・「日本経済新聞」（竹屋敷の記事）、日本経済新聞社、2017年8月15日
・『SHIMADAS』、日本離島センター（1998年・2019年）
・『無人島が呼んでいる』、本木修次著、ハート出版（1999年）
・「ふるさと再生プロジェクトの会」Web、ふるさと再生プロジェクトの会、https://furusatosaisei.jp/

あとがき

本編18ヵ所の無住集落（廃村）の「住まなくなっても守りたい」を挙げていくと、語り継ぎ、学校跡、花壇、田んぼ、写真集、古道、まつり、桜、情報紙、民宿、記念碑、野灯《やとう》、再生プロジェクトなど浮かび上がった。「歴史が軸」は共通するが、多種多様であることがわかる。

鴻之舞《こうのまい》、角海浜《かくみはま》の語り継ぎ、上雄柏《かみゆうはく》の花壇、小摩当《こまとう》の耕作、越波《おっぱ》の情報紙、沓津《くつつ》、向畑《むかいばた》、石鎚村《いしづちむら》、箕島《みしま》のまつり（神事）など、「継続」はすごいことだ。八橋《やつはし》、向畑の桜は華やかでよい。越波、保月《ほうづき》の訪問者との交流、北原《きたばら》の古民家再生、新島《しんじま》のふるさと再生は心温まる話だ。

18ヵ所の無住集落について、筆者が廃村探索で3つの主な目標としている神社、学校跡、記念碑の様子を比べると、次のようになった。

・神社　…　活用されている＝8、跡地を確認＝5、確認できず＝5
・学校跡　…　活用されている＝5、跡地を確認＝9、確認できず＝4
・記念碑　…　碑を確認＝10、準じるものを確認＝4、確認できず＝4

「石津鉱山《いしづこうざん》のような写真集を作成しよう」、「小倉《こぐら》や割谷《わりだに》のような記念碑を建てよう」、「ふるさとを想う集いを行なおう」など、元住民、地域の方々のアイデアの源になればとても嬉しい。

ＮＨＫ「ナビゲーション―住めなくなっても守りたい」では、福井県小浜市上根来（平成26年離村）の区長岸本長三《ちょうぞう》さん（昭和23年生まれ）が、無住化した集落の手入れに勤しむ姿が描かれている。筆者は令和元年（２０１９年）11月25日（月）、小浜・上根来を訪ねて「お休み処助太郎」で岸本さんと待ち合わせて、集落の様子をうかがった。その落ち着いた佇まいを見て、筆者は「『住まなくなっても守りたい』では、岸本さんを通じて上根来を取り上げよう」と思った。

コロナ禍がやや落ち着いてきた令和４年5月、筆者はＳＮＳ上のメールのやり取りから「上根来で唯一住民票を持っていた方が令和2年夏にお亡くなりになった」という情報を得た。「まさか」と思い確認したところ、亡くなられたのは岸本さんだとわかった。

長崎県小値賀町《おじかちょう》野崎島《のさきじま》（平成13年離村）の最後の住民 岩坪元成《もとなり》さん（昭和2年生まれ、沖ノ神島《おきのこうじま》神社の神官）とは、離村前年の平成12年（２０００年）8月11日（金）と11月26日（日）、島で話をうかがい、手紙のやり取りをした。その後も年賀状のやり取りが続き、平成17年（２００５年）3月13日（日）には移転先長崎市内の浦上駅で再会した。このとき「元気にしていますよ」と、岩坪さんは島で出会った愛犬チョコちゃんの写真を持ってきてくれた。

達筆な年賀状は令和4年まで届いたが、令和5年は届かなかった。3月に「お元気だろうか」と電話をすると、家の方が出て「父は衰えてきたため、話はできません」と返事を受けた。

筆者の廃村の記憶は、例えば上根来の岸本さんのように、出会った元住民の方と結びついてできていることに気がついた。他の方に上根来の聞き取り取材をするのは難しく思える。

令和4年8月6日（土）、秋田県大館市合津《かっつ》（昭和52年離村）を再訪したところ、なじみがあった田んぼや校舎はなくなっていた。「廃村にも寿命があるのではないか」と思った。

昭和期（ピークは高度経済成長期後期）の廃村は家族ぐるみの集団移転が主で、若い方の離村が多くあり、通いの耕作などで営みが続くことがあった。これに対して平成期の廃村は、高齢化の進行による個別移転が主で、離村後すぐに集落が荒廃していくこともある。

取材を受けた令和5年8月19日発行のジャパンタイムズ（英字新聞、週末版）の廃村を取り上げた記事には、記者のアレックス K・T・マーティンさんが埼玉県秩父《ちちぶ》市浦山《うらやま》地区の廃村を調べ、訪ねたときの様子が克明に記されている。記事の中には、廃村専門家として「私は元住民の方の思い出が、彼らのコミュニティのように消えてほしくはないのです。時間は残りわずかです」という筆者のコメントが載っていた。まさにその通りで、その日のうちに「マーティンさんに前書きを依頼しよう」と思いついた。

筆者もあまり自覚はないが、気がつけばずいぶん年を取った。無理はせず、できることを継続することが大切だ。まだまだ訪ねて元住民の声をうかがいたい廃村はたくさんある。

《著者略歴》

浅原 昭生（あさはら　あきお）

職業訓練法人日本技能教育開発センター職員
Team HEYANEKO 代表
昭和37年、大阪府生まれ。埼玉県浦和在住。
近畿大学大学院化学研究科博士前期課程修了。
中学校、高等学校教師を経て、現在に至る。

〈主な著書〉

・『廃村と過疎の風景』 HEYANEKO
・『廃村をゆく2』 イカロス出版
・『日本廃村百選』 秋田文化出版
・『記憶に残る廃村旅』 実業之日本社

住まなくなっても守りたい
元住民たちの想い

二〇二四年二月二〇日　初版発行
定価　二二〇〇円（税込）

著者　浅原　昭生

発行　秋田文化出版株式会社
〒〇一〇―〇九四二
秋田市川尻大川町二―八
TEL（〇一八）八六四―三三二二(代)
FAX（〇一八）八六四―三三二三

＊

©2024 Japan Akio Asahara

ISBN978-4-87022-615-9
地方・小出版流通センター扱